桐庐文史资料第二十四辑

# 富民之光

## ——桐庐块状经济发展口述史

郑萍萍　主编

浙江工商大学出版社
ZHEJIANG GONGSHANG UNIVERSITY PRESS
·杭州·

《富民之光——桐庐块状经济发展口述史》

编委会：雷国兴　　周建英　　姜　涌　　王红春
　　　　贾安琪　　周桂平　　袁利华

主　编：郑萍萍

编　委：梅晓波　　季建平　　夏林青　　周春儿
　　　　何金巧　　周华新　　王樟松　　陆春祥
　　　　舒　羽　　王路山　　俞金宝　　何国民
　　　　李　昕　　吴国平　　叶承锋　　吴宏伟
　　　　李　龙　　蓝银坤　　孟红娟

# 序

20世纪80年代，桐庐乡镇工业迅速崛起，制笔、针织、箱包、医疗器械等块状经济快速发展，形成了区域特色产业优势。2003年4月10日，时任浙江省委书记习近平到桐庐考察，在调研分水制笔块状经济后，对桐庐发展提出了"做大做强、强化特色、拓展空间、城乡联动"十六字重要指示。同年7月，浙江省委做出"发挥八个方面的优势""推进八个方面的举措"的决策部署，即"八八战略"。"进一步发挥浙江的块状特色产业优势，加快先进制造业基地建设，走新型工业化道路"是"八八战略"的重要内容之一。

转眼40余年过去了，特别是在全面贯彻落实党的二十大精神的开局之年，在值"八八战略"实施20周年、习近平总书记对桐庐做出"十六字"重要指示20周年之际，站在高质量发展建设共同富裕示范区县域标杆的新起点上，全面回顾桐庐块状经济发展历史，是对习近平总书记殷切期望和嘱托的积极回应，也是以标杆姿态推进中国式现代化县域实践的需要。

回首来时路，特别是近20年来，桐庐县忠实践行"八八战略"，以"十六字"重要指示精神引领高质量发展，深耕块状经济，不断做大做强特色产业，增强"人无我有、人有我优、人优我特"的核心竞争力；坚持跳出桐庐看桐庐，扩大发展格局，推进共同富裕。

这是一段激荡人心的岁月，它从一个侧面见证了桐庐从"山区小县"到"中国最美县"的蝶变；这是一段弥足珍贵的时光，字里行间写满了桐庐人的坚韧与奋斗。为了铭记这段历史，县政协秉承"亲历、亲见、亲闻"原则，以口述历史的形式再现桐庐块状经济发展的历程，展现桐庐在持续提高经济发展质效、推动县域经济实力不断提升中的不懈努力。分水制笔、横村针织、富春江镇水电设备制造、医疗器械、罗山皮鞋、旧县皮件、深澳玩具、深澳箱包、钟山石材……虽然每个口述人的经历各不相同，虽然不同的产业有着不尽相同的发展历程，但综观每一段历程，这些都与时代紧密相连；品读每一篇故事，我们都能感受到其中都浸润着口述者对家乡的深沉情感；倾听每一段讲述，我们都能体会到那些闪烁于时间深处的光芒将以特别的方式重新照亮前行的路。

这是一群普通人的记忆，也是40余万桐庐人集体写就的"桐庐故事"；这是数十个桐庐人关于奋斗、梦想和时代的口述，也是全体桐庐人砥砺奋进、逐梦新征程的精神写照。

谨以此致敬每个用努力和智慧为桐庐发展贡献心力、增添荣光的人！你们的奋斗将汇聚成一往无前的力量，推动桐庐走向更加美好的未来。

《富民之光——桐庐块状经济发展口述史》编委会

# 目录

## 附录

**后记**

# 概述

# 桐庐块状经济的起源、形成与发展

钟一平

桐庐的块状经济，就像一根藤上的瓜，沿富春江、分水江两岸串联而成；它又像一颗颗耀眼的明珠，镶嵌在县域的各个乡镇（街道）。它是地瓜经济，根在乡镇，藤蔓在县域，产品销天下；它是桐庐工业经济的重要组成部分，是典型的百姓经济、富民经济，为全县经济社会的发展发挥了重要的作用。

块状经济已走过了数十个春秋，潮起潮落，就像县域的母亲河富春江一样历经曲折一路向前。今天，我们有必要去追寻这段过往的历史，去还原产业发展的脉络，去了解县域块状经济的起源、形成、发展与兴衰的轨迹，以便我们更好地总结经验，激励创业者，在中国式现代化建设的新征程中，踔厉奋发，推动县域经济高质量发展。

## 起源

每一个块状经济的产生，都有必然联系的因果关系；每一个块状经济的形成，都演绎着一段动人而传奇的真实故事。从桐庐块状经济起源上看，主要有5种类型。

## 1. 人脉联络型

20世纪60年代末，深澳人申屠柏生在上海崇德工作，他结识了上海新康玩具厂的老总，有一次偶然得知新康玩具厂有一批急需加工的手工钩针玩具业务，但厂里人手不足。他想到了老家深澳人口多，有富余劳动力，就与老总商量，接下这份订单，拿回老家做。1969年他在自己家里办起了玩具加工点，1972年办起了村办企业深三工艺品玩具厂，这就是"深澳玩具"的来历。从时间上推算，这是县域块状经济起源最早的产业。因为一个人，办了一个厂，兴了一个产业，从加工钩针玩具到生产长毛绒玩具，从一个加工点发展到全县101家玩具企业，产品远销30多个国家和地区。1998年深澳乡被县政府命名为"玩具之乡"。横村老街居民张菊仙去上海探亲，巧遇在上海同心袜厂工作的表弟马柏海。在表弟的建议和帮助下，她从上海买来2台手摇织袜机和5台改装旧袜机。1971年10月联合"六姐妹"在横村老街办起了横村袜厂，生产尼龙袜和丝袜；1975年10月移交公社管理；1976年12月更名为横村针织厂，业务也从生产袜子扩大到生产毛衫和内衣。1979年底针织厂随着业务扩大分设横村袜厂、针织厂和内衣厂3个厂。1984年横村袜厂更名为桐庐袜厂，1985年针织厂更名为桐庐针织总厂。1992年袜厂试制成功全棉双针筒纱线袜，填补省内空白，针织总厂成为浙江省针织服装外贸出口重点企业。企业从生产尼龙袜到生产尼龙衫、兔毛衫、羊毛衫，逐步形成袜子、毛衫、内衣三大系列产品。从产品内销到外贸出口，"一双袜子"走天下，星火燎原、声名远扬，从而诞生了"中国针织名镇"，针织产业成为县域最重要的块状经济之一。20世纪70年代大批知青响应国家号召，上山下乡。1974年某一天杭州圆珠笔厂供销科科长到分水儒桥看望知青女儿，他看到山上的小竹资源，主动提出帮助大队办的小学创办圆珠笔杆加工点，生产竹制圆珠笔杆。1976年儒桥农机厂吸纳校办加工点人员，到周边农村收购小竹加工生产圆珠笔杆。1978年儒桥塑料制品厂创立，在杭州圆珠笔厂的扶持下加工生产笔杆与塑料笔尖套。1980年受一客户启发转产塑料笔杆。分水制笔业起源于儒桥，发迹于东关村，"一支笔"写天下，诞生了"中国制笔之乡"。1980年深澳环溪人周苏茂经朋友介绍，在上海结识了某医院的医生，在村里办起了医用吸血稀释棒家庭作坊。深澳徐畈退休职工朱雪庆在20世纪80年代初创办了医用吊床厂，1987年他偶遇浙二医院耳鼻喉科密金祥教授，与潘仁余合作办起了医疗器械厂，生产9mm气管套管。深澳徐畈人徐天松20世纪80年代初就加工小便器，1984年他从仿制一把手术钳起步，打开了医疗器械市场的大门。从生产稀释棒到生产医用内镜，医疗器械产业逐步形成，桐庐被命名为"中国医用内镜产业基地"。

**2.央企带动型**

因水建站，因站建厂。1968年12月，位于富春江镇的富春江水力发电厂建成发电。1970年12月，水电部水电建设总局在七里泷成立富春江水工设备制造厂，设计制造水轮发电机组和电站备品配件。1972年首台自行制造的6.5万千瓦水轮发电机组在富春江水电站投产发电。1982年1月，电子工业部决定成立富春江水工机械厂。1992年9月，更名为富春江水电设备总厂。富春江水电设备总厂像一艘巨轮，在改革开放的大潮中不断变革与创新，引进外资，改变经营模式，剥离下属企业，推进主辅分离，两轮驱动，改革如火如荼。2004年富春江水电设备总厂下属劳服公司的直属企业中小水电设备厂完成改制，原厂长孙毅筹资盘下这家厂，并成立了浙江富春江水电设备有限公司。2006年下半年浙富公司进行股份制改造，2007年下半年公司启动上市，2008年8月8日浙富水电在深交所上市，实现了桐庐上市公司零的突破。浙富水电也成为国内水电行业第一家民营企业上市公司。2005年1月中国水电建设集团以股权转让形式，将富春江水电设备总厂与日本东芝合资，成立了东芝水电设备（杭州）有限公司，当年2月1日正式投产。浙富股份的崛起、东芝水电的落户，造就了中国极具竞争力的大中型水电设备制造基地。富春江水电设备制造业由此蓬勃发展，枝繁叶茂。桐庐云集了富春发电、浙江中水、杭州中水、新发电机、迈和机械、永誉机械、江河水电等一大批水电设备制造企业。一家央企撬动了一个产业的发展，带动了一个块状经济的形成，2009年9月桐庐县被授予"中国水力发电设备制造基地"的称号。

### 3. 资源依赖型

县域西南山区钟山乡石材资源丰富，在5平方千米的范围内石材储量达15亿立方米，品种主要有钟山红、钟山青、芝麻青、雪花青等。钟山花岗岩石质地好、硬度高、放射性弱，适用于各种工程。当地百姓利用石材资源创办家庭作坊，手工生产条石、碾子、石臼、石磨等，涌现了许多能工巧匠。1982年吴宅大队首办机械化生产企业——吴宅石材厂，生产碑坊石料、装饰板材等简易石材产品。历经10余年的发展，在石料集聚区域内石材生产企业发展到30多家，形成产业群。1997年凯幸、神马等龙头骨干企业拓展市场，打破简单粗放生产格局，开始生产石雕装饰板、柱、动物等产品。2002年石材企业发展到98家，并逐步拓展到周边乡镇。许多企业引进了龙门切割机、喷沙雕花机、钻孔机、车石机、异型线条机、地边机等先进工艺雕刻设备，产品涉及现代建筑桥梁配套、城市园林构造装饰用材、家庭摆设观赏美术工艺品领域，部分产品还远销东南亚国家。2005年11月钟山乡被命名为浙江省"石材之乡"。

### 4. 招商导入型

20世纪90年代中后期，全县招商引资作为"一号工程"在各个乡镇蓬勃开展。2000年2月，新合乡政府通过招商引资，招引浦江一企业在新合创办桐庐林富五金制品厂，生产内外销铜、铁挂锁，开创新合制锁业之先河。之后，乡政府相继招引了亚环工贸、金源五金锁业、方圆锁业、远大五金制品等规模制锁企业。2003年起在坑口建设工业功能区，入驻制锁企业30余家，部分产品远销亚非欧。随着制锁业的发展，锁具加工向农户延伸，制锁业一度成为新合支柱产业，偏远山区也成了"制锁之乡"。

## 5.社队企业型

20世纪70年代末80年代初，随着改革开放，桐庐各地大力发展社队企业。像罗山皮鞋、旧县皮件、深澳箱包都起源于社队企业。1979年罗山松村组织村干部到分水考察，办起了队办企业松村制鞋厂，1981年徐水亮等4人承包了村里的鞋厂，1984年10月承包合同到期后，他们又开始创办罗山红雷皮鞋厂、老刀皮鞋厂等民营企业。20世纪70年代末旧县办起了社办服装厂，80年代初开始生产皮夹克，随后相继成立了桐庐裘毛皮件厂、东方皮件厂、杭桐皮件厂三大骨干企业，逐步形成了旧县皮件块状。深澳箱包也起源于20世纪80年代的社办企业，1992年深澳环溪皮件厂开始生产出口旅行箱，到2003年全县箱包企业发展到214家。深澳箱包逐步形成块状经济。

### 形成

县域每一个块状经济的形成都得益于时代的变革，得益于改革开放和一大批新时代创业者的奋斗。从桐庐块状经济形成的时间看，主要经历了4个阶段。

### 1. 社队（乡镇）企业的兴起（20世纪70年代末至80年代）

随着改革开放，乡镇（社队）企业如雨后春笋般蓬勃发展，逐渐成为全县工业的有生力量，成为县域经济发展的重要支柱。1977年全县有社队企业908户；1978年社队企业总产值1186万元，占全县工业总产值的23.4%；1980年全县工业总产值1.224亿元，历史上首次超过农业总产值，而社队企业总产值达4803万元，占全县工业总产值的39.2%。1984年4月县委决定将社队企业管理局改设为乡镇企业管理局。1986年全县乡镇工业企业达1950户，工业总产值3.05亿元，占全县工业总产值的55.9%。其中横村、分水、窄溪、深澳等6个乡镇工业总产值皆超千万元。1987年横村镇工业总产值在全省率先突破亿元大关，外贸出口交易值4335万元，人均创汇全省第一，成为全省出口创汇重点乡镇。1990年全县工业企业发展到5549户，工业总产值10.66亿元，首破10亿元大关。1991年全县乡镇工业总产值10.13亿元，占全县工业总产值的80%。乡镇工业的崛起为块状经济的形成奠定了良好的基础。

### 2. 乡镇（县属）企业改制（20世纪90年代）

随着社会主义经济体制的逐步建立和完善，原有企业体制已严重制约了经济的发展，产权不清、政企不分、效益低下、企业亏损等弊端日益突出。从20世纪90年代初开始推进乡镇企业改制，至1999年全县5310家乡镇工业企业基本完成改制工作，一大批民营资本进入工业企业。这是块状经济形成的重要支撑，像分水制笔、横村针织、旧县皮件等都是从乡镇企业改制发展起来的。1996年10月县委下发了55号文件《关于县属企业改制工作的实施意见》，又拉开了县属企业改制的序幕。从1997年1月到1999年6月。县属91家国有、集体工业企业（桐庐啤酒厂除外）完成了产权制度改革。至2003年全县国有工业和县属集体工业企业退出历史舞台，这又为块状经济的形成做了有益的补充。

### 3. 外资企业的招商导入

1971年桐庐镇街道企业勤俭被服厂向上海进出口公司承接出口手套加工业务，成为桐庐历史上第一家出口创汇企业。1982年横村镇桐庐针织厂承接羊毛衫外贸加工业务，成为省外贸公司定点企业；富春江镇的桐庐第一拉丝机厂生产的拉丝机相继出口。1980年代中期，外向型经济成为县域经济发展的三大优势之一。1988年3月国务院印发《关于扩大沿海经济开放区范围的通知》，将桐庐列为沿海经济开放区，从此进一步推动县域经济向外向型经济转变。之后，国务院又下发《关于沿海地区发展外向型经济的若干补充规定》，1988年全县外贸出口交易值首次突破亿元大关，首批外资企业杭州爱尔杰冶炼有限公司、浙江华富丝针织有限公司、浙江新新针织有限公司落户桐庐。至1993年全县累计有外资企业91家，1994年4月成立县外商投资企业协会，1999年引进外资企业19家，行业主要涉及针织服装、箱包、皮革，也为针织、箱包、皮件等块状经济的形成输入了新鲜血液。2000年全县外资企业108家，至2012年底增加到132家，外贸出口交易值达182.59亿元。

**4. 民营经济的快速发展**

1979年底全县个私工业221户，1984年6月发展到1033户，同年7月10日成立县个体劳动者协会。1988年4月县政府印发120号文件《关于发展私营企业若干问题的意见》，12月6日县委召开首批私营企业颁发营业执照大会，为首批27家私营企业颁发了营业执照。1989年3月成立县工商企业联合会，1991年底全县私营企业发展到76家。1993年县委、县政府又印发8号文件《关于加快发展个体私营经济的若干规定》，进一步促进个体私营经济的健康发展。1995年全县个体、私营工业企业达3723家，占全县工业企业的87%，从行业分析，已涉及针织服装、玩具箱包、皮件、制笔等诸多块状经济领域。1996年12月县委、县政府又出台了56号文件《关于进一步加强领导，促进个私工业上规模、上档次、上水平的意见》，从此个体私营企业得到蓬勃发展。至1999年个体私营工业企业达5271家，个体私营工业企业成为全县工业主体。至2002年，县域内分水制笔、横村针织、钟山石材、旧县皮件、深澳玩具、深澳箱包等块状经济已基本形成。

**发展**

进入21世纪初，除罗山皮鞋逐渐萎缩，富春江水电设备制造、新合锁业等块状经济尚未形成外，其他块状经济都粗具规模，并逐渐向现代产业集群方向发展，特别是横村针织、分水制笔产业呈现爆发性增长。2003年4月10日，时任浙江省委书记习近平到桐庐考察分水制笔产业，并做出"做大做强、强化特色、拓展空间、城乡联动"的"十六字"重要指示。县委、县政府为认真贯彻落实"十六字"重要指示，出台了一系列政策，大力推进工业园区建设。从此，县域块状经济发展进入快车道。

**1. 出台政策扶持发展**

县委、县政府根据不同时期国际国内经济形势，分行业精准制定扶持政策，从2007年至2012年共安排财政扶持资金22730万元。早在2001年，县政府就出台了《关于鼓励我县医疗器械行业发展的若干意见》，整顿和规范医疗器械行业发展。之后，又出台了《关于精准对接精准服务，加快桐庐县医疗器械产业发展的若干意见》，并对年销售3000万元以上的高新技术企业给予税收专项扶持。2022年又出台了"新七条"政策，支持医疗器械产业高质量发展，从而推动了我县以硬管内窥镜为核心的全产业链医疗器械产业发展。至2022年，全县医疗器械块状经济有生产企业56家，维修企业6家，加工企业2家，一体化维修平台企业1家，销售公司2300多家，销售市场遍及全国县级以上医院。对针织和制笔产业，政府出台了更多的扶持政策。从2004年起县委、县政府相继出台了《关于推进针织和制笔业发展的若干意见》《关于加快针织和制笔产业扶持力度积极促进产业升级的实施办法》《关于支持传统产业发展的若干意见》《关于实施特色块状经济提升五年计划的通知》《关于印发针织行业改造提升实施方案的通知》《关于印发制笔行业改造提升实施方案的通知》等文件，从而使横村针织、分水制笔两大产业集群不仅度过了全球金融危机及后危机时代，而且得到了较快增长。至2017年，横村针织生产及配套企业发展到2395家，形成了以生产绢丝针织系列产品和针织小三件为主，毛衫、染整、织造等生产门类齐全的针织块状特色经济。分水制笔生产及配套企业发展到809家，形成笔杆、笔芯、弹簧、电镀、装配、包装等产业链完备的生产体系，成为县域最具特色的块状经济。

**2. 加快工业园区建设**

在乡镇工业的快速发展及推动下，全县区域块状经济迅速发展。早在1995年2月县委、县政府就发布了《关于建立经济小区促进经济发展的意见》，以乡镇为基础，加快小区建设。1996年县政府下发120号文件，批复同意横村徐家畈建设经济小区，开辟了乡镇建工业园区之先河。之后，县委、县政府又采取积极措施，进一步加快工业园区建设的步伐，先后批复同意建立了旧县皮件、钟山石材、深澳玩具、百江皮鞋等13个乡镇工业园区，并重点打造横村方埠针织功能区、分水制笔功能区、富春江机械制造功能区等5个特色工业功能区。根据产业提升发展的需要，县委、县政府又相继出台了《关于工业园区改造提升的实施方案》《关于加快块状经济向现代产业集群转型升级的实施意见》，通过完善配套设施、加快腾笼换鸟、优化发展空间，推动园区建设和产业升级。

县域块状经济的发展，伴随着县域经济的发展壮大、转型升级，大致经历了4种经济模式。

会展经济。改革开放初期至20世纪90年代，以横村针织服装产业发展为代表，从工贸合营、省外贸定点加工到广交会设摊承接订单，发展外向型经济，主要产业为"三来一补"、来料加工、贴牌制造。横村针织产品漂洋过海，远销欧美等地数十个国家和地区，1987年横村企业创汇突破1000万美元，出口创汇居杭州市乡镇企业之首。20世纪80年代，桐庐成为全省外贸大县。

市场经济。20世纪80年代至2012年，以分水制笔产业块状经济发展为代表。1982年义乌商贩到分水儒桥买去20多万支塑料空笔杆，装运到义乌市场进行销售；1984年分水东关村到义乌市场为圆珠笔销售寻找代理商，从此分水制笔在义乌市场打开大门。到90年代末，分水制笔在义乌市场同类商品中占80%。以分水制笔业为代表的桐庐企业家，到义乌小商品市场购、租商铺设摊接单；改变了广交会一年一次（后改为2次）的销售模式，成为全天候一年四季接单，享受市场带来的便利化；制笔产业发展成为全天候的外向型经济。

互联网经济。从2012年开始，县政府大力发展电子商务，改变商业模式，拥抱互联网时代，从分水制笔业开始推动成立一马平川电子商务有限公司，在横村成立横春电商有限公司公共电商平台，在县城迎春商务区成立电子商务产业园，在县域成立县电子商务协会，推动传统产业转型升级，推动块状经济改变传统的生产经营模式、向现代产业集群发展。

数字经济。以人工智能为代表，以智能化与信息化为核心，推动产业数字化、数字产业化。培育针织、制笔等行业工业互联网数字化平台，强化平台赋能，推进设计、制造、品控、物流、营销、服务等全产业链数字化。早在2014年县委、县政府就印发了《关于大力发展"美丽经济"的决定》《加快信息经济智慧经济发展三年行动计划的通知》，提出要切实加快针织、箱包、制笔、皮革制品等传统产业信息化、智能化改造。2016年县政府又印发了《桐庐县"十三五"智慧信息经济发展规划的通知》，提出智慧产业发展，推动物联网、移动互联网、云计算、大数据技术等与传统制造业的融合，并将制笔、针织服装、箱包、皮革等产业纳入时尚产业，鼓励企业利用大数据把握个性化消费潮流。

分析县域块状经济结构，主要呈现四大特点。

①块状经济外向度高。分析县域主要块状经济如分水制笔、横村针织、旧县皮件、深澳玩具、深澳箱包等领域大多以出口为导向，产品外销欧美等市场。医疗器械、水电设备制造这些年由于市场变化，也加大了出口的力度。以2012年为例，全县外贸出口交易值182亿元，其中块状经济出口占30%以上。

②传统产业占比高。在块状经济中，针织服装、制笔、箱包、皮件、玩具、石材、制锁等都属于传统产业的范畴。虽然这些年逐步形成并发展起来的水电设备制造、医疗器械和正在逐步形成的磁性材料块状经济属于战略性新兴产业，但传统产业和产品仍然占有较大比例。

③小微企业占比高。在众多的块状经济中，规上企业占比少，如分水制笔业，现有785家制笔及配套企业，规上企业18家，占2.3%；横村针织产

业2127家针织生产及配套企业，规上企业只有27家，占1.3%；富春江水电设备制造产业，近70家企业中，规上企业只有10家；医疗器械产业生产、加工及维修企业64家，规上企业16家。现有四大块状经济中规上企业共计105家，占全县规上企业396家的26.5%，产值只占全县规上企业产值584.7亿元的10.64%。

④民营企业占比高。在现有的针织、制笔、水电设备制造、医疗器械和正在逐步形成的视觉智能制造、磁性材料块状经济中，除东芝水电和海康威视，其余企业均为民营企业。

## 兴衰

随着时代变革、环境保护、消费观念、市场需求的变化以及全球经济的影响，县域块状经济有的已销声匿迹，不复存在；有的只留存少数企业，在市场经济的洪流中独自行走；有的在宏观经济的大背景下，面临困局，步履艰难；有的则插上数字经济的翅膀，作为战略性新兴产业，迈上了产业发展的快车道；有的产业，则随着经济新业态的形成，正在爆发性增长，快速形成新的块状。

最先退出块状经济历史舞台的是罗山皮鞋。起源于20世纪70年代的罗山皮鞋，90年代发展高峰时，仅松村一个村就有皮鞋企业25家，在杭州市场罗山皮鞋占有率达60%以上。1996年后，因管理模式落后，企业间无序竞争，罗山皮鞋渐趋衰落，产品退出市场。2001年百江镇党委、政府提出重塑鞋乡新形象，鼓励皮鞋企业二次创业；2005年发展制鞋企业9家，生产皮鞋160万双，后因市场、品牌等因素，终难成气候。目前在百江注册的仅存奥美鞋业，全县鞋业规模企业仅存2家。

起步于20世纪80年代的深澳箱包，逐步形成规模，并向周边乡镇扩散，到2003年全县已有箱包企业214家，销售收入达10.63亿元；2005年全县箱包规上企业25家，规上销售10.88亿元。后也因市场的变化、品牌特征不鲜明等因素，箱包业逐渐萎缩。目前，箱包规模龙头企业也只存立高控股集团名下的杭州立山皮件有限公司。

旧县皮件曾经声名远扬。1993年，桐庐裘毛皮件厂注册的"豹王"牌商标，被评为浙江省著名商标，为县内首个省级著名商标。1994年12月，时任中共中央政治局候补委员、中共中央书记处书记温家宝同志到桐庐东方皮件厂视察。进入90年代，因国内市场变化，企业通过引进外资，产品转向出口。2005年旧县有皮件企业92家，生产皮服远销欧美等数十个国家和地区。后因俄罗斯金融风暴卢布贬值、全球气候变暖、动物保护及消费观念的变化，市场萎缩，目前全县皮服规上企业仅存立弘皮革和兰典皮革2家。

至此，昔日响当当的皮鞋、皮件、皮箱（箱包）"三皮"，作为县域块状经济封存在历史的尘埃里。同样湮没在时代洪流中的还有深澳玩具、新合制锁和钟山石材。

深澳玩具目前规模企业仅存永乐工艺品公司。昔日的兴盛只能在深澳老街两边的商铺中、在老太太一针一线手工缝制的儿童玩具里寻觅踪迹。受环境保护和山区工业经济结构的调整，新合制锁业存在了10余年，目前仅存神龙锁厂等少许企业。而作为唯一资源依赖型的块状经济钟山石材，因污染整治、改造提升全面关停，目前仅存20余家企业搬入石材小微园。当然，在桐庐历史上存在过的块状经济不止这些，还有窄溪镍铁加工、富春江拉丝机制造、瑶琳电线电缆等，有的作为一个产业，还存在一些骨干企业。

当下，县域四大块状经济的分水制笔、横村针织、富春江水电设备制造和医疗器械，作为当地主导产业仍然发挥着重要作用。分水生产的圆珠笔产品占到全国的40%，销售产值占全镇工业总产值的70%以上。横村针织，全行业产值占全镇工业产值的62.3%。这些块状经济虽然自2018年以来受中美贸易摩擦和新冠疫情的影响，都面临着转型升级的困局，但是都在着力建设妙笔小镇、时尚针织小镇，通过数字赋能、市场转型、鼓励创新、建设小微园、完善产业链、引育链主企业来推动传统产业特色块状经济的转型升级。富春江水电设备制造业在高起点上形成与发展块状经济，通过机制创新，形成具有竞争力的产业集群，目前已形成铸造、大型钢板压型、结构件、金工、电气、组装等一条较为完整的产业链，规上水电设备制造产值占富春江镇规上工业产值的39.1％。目前已在红旗畈建设三期专业功能区，集群发展水电设备制造业，并由单一的水电设备制造业逐步向抽水蓄能、风电、洋流发电、核电等多领域设备制造业发展。医疗器械产品也从单一的硬管内窥镜向多功能套管穿利器（一次性耗材）和医疗一体化诊断台方向发展，由单个产品生产向术式成套产品开发和一站式整体解决方案供应商目标转变，逐步建设成为中国微创外科器械小镇和"东方图特林根"。

同时，新的块状经济也正在形成。磁性材料从21世纪初首家企业落户桐庐，20年间已集聚了30余家企业，其中规上企业15家、国家高新企业12家，近10年来连续保持30％以上的增幅，呈现爆发性增长态势，2022年实现规上销售产值47.8亿元。以海康威视为龙头的视觉智能产业，自从海康威视落户桐庐，目前已有20多家上下游配套企业聚集开发区，已形成较为完整的产业链，产值有望突破双百亿。一个新的块状经济即将形成。

# 分水制笔

　　分水制笔起源于20世纪70年代，以清一色的家庭作坊起步，技术含量低，产品低端。到90年代，分水镇政府采取多种措施，引导制笔业做大做强。企业逐步向制笔工业功能区集聚，生产规模不断扩大，产品质量稳步提

分水镇

升，外贸产品开始增多，制笔主导产业的地位确立。1998年4月29日，分水制笔协会成立，吸收会员企业132户，基本实现从产品设计、模具开发、原料供应、元件配套、加工生产到产品包装、产销等环节一体化的产业格局，形成了一条完整的产业链。2002年12月，分水镇被中国轻工业联合会和中国制笔协会正式授予"中国制笔之乡"荣誉称号。2003年4月10日时任浙江省委书记习近平到分水调研块状经济，带来了制笔产业的快速提升。分水制笔逐渐从生产"世界人均一支笔"向生产"世界人均一支好笔"的目标发展。

# 小小毛竹竿的前世今生

◎口述：邵关法
　整理：陶　钰

1975年，杭州圆珠笔厂等单位的职工子女10多人，插队落户到分水镇儒桥村。1977年，经知青牵线搭桥，我们和杭州圆珠笔厂互相也有来往，村里没啥收入，就问他们能不能给村里一些业务做。他们同意给我们村两台旧机器，生产竹竿圆珠笔头部的塑料尖套。机器来了之后，村里就把原来的农机修配厂更名为"分水儒桥塑料制品厂"，除了加工笔套，还给桐庐农药厂加工塑料瓶盖，供销业务由我负责。

**偶然的机会，我们从生产塑料尖套开始，费尽周折生产出第一支圆珠笔**

由于给杭州厂加工的塑料笔套超出了他们需求的量，我们另找销路，销往江西省南昌市抚河区竹器厂。有一次，我到南昌去收货款，在旅馆碰到一个人，他拿出一支样品笔问我："你们能不能生产这种笔？我有销路。"我立马说可以的，其实心里是没底的。

我带回这支样笔，与村干部一起商量，设法生产圆珠笔。但是我们没有生产设备和技术人员，我就去找杭州圆珠笔厂模子师傅李师傅。李师傅和我说，厂里是有台报废模具设备，但不能外卖。因为当时规定，报废设备只能卖给废品收购站。

我想不出其他办法，只能央求李师傅帮忙，先把这台废模具设备修好。然后，几经辗转把这台修好的模具设备运回了村里。记得当时村委还对我进行了奖励。

机器到了，我们就开始热火朝天地干起来。这一年是1979年。我们和杭州圆珠笔厂商量，买来200斤塑料原料开始试生产圆珠笔。产量也不高，每天只能生产5000多支笔。生产出来的笔，我们运到江西省进贤县文港皮毛商场，联系当时在旅馆拿样品笔问我的人，由他进行销售。

我们只要把货送过去，货款就都能按时给到村里。每运一次货，就将上次的货款结清。

**机器有了，市场有了，原材料却成了问题**

因当时还属于计划经济向市场经济过渡时期，生产原料（塑料）没有计划就拿不到。我就托杭州圆珠笔厂王师傅向宁波圆珠笔厂讨原料指标，再到甘肃兰州化工厂去提原料。在兰州住了半个多月，总算提到了2吨原料（聚苯乙酰）。当时江西人来儒桥要笔的人多，儒桥村为扩大经营规模，1980年到萧山长河机械厂增购了两台制笔机。

包括修理工一共7人在负责制笔厂工作。刚开始的时候，我们对产品的要求都非常严格，在做的时候也非常仔细，凡是次品，我们都挑出来放在一边。但是抵不住要货的多，有些人等不及我们送货，上门来收，把我们准备丢弃的废品笔也一并收了去。

后来，有一个江西南昌的商家碰到分水公社的领导，说你们儒桥村生产的圆珠笔这么俏，可以多办几个制笔厂呀。当时我们隔壁村——东关村有几个脑子灵的嗅到商机，请来一个杭州师傅到我们村来看制笔模具及机器。后来又设法派人到杭州去学习，也买来机器开始生产。但他们生产出来的笔一时找不到销路，就到儒桥村找和我一起跑江西市场的人。那人为东关村在江西设销售点赚利润，但是客户姓名和联系地址都没有告诉东关村。

**儒桥笔走进义乌市场，打开制笔的另一扇门**

1982年，义乌宗泽村的宗金法、宗金恒两兄弟到杭州圆珠笔厂要圆珠笔销售，但是杭州圆珠笔厂属于国家企业，产品是不能卖给私人的。厂里就把他们推荐到了我这里。

我记得很清楚，那是一个雨天，兄弟俩穿着蓑衣，开着手扶拖拉机赶到儒桥，买去20多万支塑料空笔杆，用麻袋装了运到义乌。他们又到江西乐平县圆珠笔厂去买笔芯，装配销售。

当时的义乌小商品市场还未形成规模，他们的货是在农贸市场旁摆地摊销售的。我们后来也去过几趟，地方真是大，市场里啥都有。当时住旅馆要7毛钱一个晚上，为了省下旅馆钱，我们就用个折叠床睡在那里。

儒桥村集体办圆珠笔厂到1984年止。我买下了旧机器，也买了几台

儒桥村第一家制笔厂旧址　（王彤 摄）

新的打笔机，继续做着。但机器老化总是要修，我便随口说这个机器修修不值钱了，卖掉算了。结果我老婆以为我真的不想继续干，在我去千岛湖姐姐家的一段日子里，她真的把我的机器卖掉了。我回到家，发现机器没了，心里有些懊恼，但想着修机器也劳力费神，也就罢了。1986年下半年，我当选为村长。虽然自己不办厂了，但是村里的人经常会来咨询我一些问题，我也是毫无保留地帮助他们。

我们村是分水圆珠笔生产发源地，后来生产重心转移到东关村，慢慢地，制笔厂如同雨后春笋般在分水建起来。2000年我女儿、女婿成立了桐庐云虹笔业有限公司，也有10多台机器。尽管现在制笔业遇到了瓶颈，但我还是相信制笔是有前景的，它以后也会越来越好。

*（邵关法，分水制笔创始人之一）*

# "分水一支笔"的星星之火

◎口述：孙关友
整理：黄蓉萍

### 村里办起了制笔厂

1975年，我在东关三队当了16年的队长后，被大家推选为东关村党支部书记。那个时候，村集体经济相当薄弱，大家起早贪黑下地赚工分，劳动一整工也只有5毛钱。俗话说"无农不稳，无工不富"。新上任的我想方设法要在村里发展加工业，增加村集体和村民的收入。

村里先后办了3个加工厂，规模小得很，不过收益还好。至1978年，除去机器和原料的成本5万多元，还有2万元的余额。当年年底，我们就将这些钱分到东关村的4个生产队，平均每人分到4块多钱，大家都很高兴。

20世纪80年代初，发现圆珠笔的市场前景广阔后，"眼明手快"的东关人

早期的制笔加工

毅然拿出村集体的15000元，托供销员去常山县买了5台简易立式制笔机。与此同时，村里马不停蹄地盖起了厂房，之后又陆续修好了仓库、食堂、会议室、办公室，总建筑面积上千平方米。

我们生产的笔一开始销往江西，后来主要到义乌市场销售。我好多次坐着手扶拖拉机送货去义乌，通常天不亮就出发，从七里泷翻山到浦江，下午2点左右才能到义乌。

当东关村生产的圆珠笔在市场上供不应求后，我们将机器一下扩增至20多台，以"歇人不歇机器"的方式，工人实行"三班倒"来提高产量。小加工点渐渐有了规模，制度化管理越来越明确，首家真正意义上的小规模制笔厂诞生了。

### 分水制笔业成燎原之势

1984年，农民联营的合作企业、分散生产联合供销的家庭工业和个体企业全部划入乡镇企业范畴，中共中央4号文件正式提出发展乡镇企业。分水镇政府及时组织各村干部赴温州等地学习以农民个体、私营企业为标志的"温州模式"，并提出"集体企业与私人企业共同发展"的口号。

当众人还在观望时，我积极响应"两条腿走路，四个轮子（镇办、村办、联户办、个体办）一起转"的号召，第一个联合3家农户办起了东关村第一家私营圆珠笔厂，当年就取得了良好的效益。东关村的村民见状也紧追而上。至1985年东关村就成了全县的"明星村"，周边许多村民纷纷前来"偷拳头"——看模具、学产品。分水的私营制笔厂如雨后春笋，很快遍地开花。

东关村的制笔业发展算是分水笔业的一点星星之火。至20世纪90年代，分水圆珠笔生产已成燎原之势，原先的家庭作坊都逐渐发展成了像模像样的工厂，专业分工愈来愈细，产业链也愈伸愈长，年产量超过25亿支，年产值突破20亿元。分水也成为中国圆珠笔产业的重镇。

### 当好制笔企业"服务员"

制笔企业的起步阶段，通常是规模小、技术含量低、产品质量普遍不高的家庭作坊。但随着整个行业的发展，用电、用水等问题开始不断凸显。为此，在1989年，我将经营得正红火的制笔企业转给了亲友，全心全意做起东关村企业的"服务员"。

首先，经过多方筹措资金，在村里增装了26台变压器，解决了企业生产供电不足的问题；紧接着又投资重新安装了自来水管道，以满足全村的生产和生活用水；然后又对村道进行了拓宽硬化，改善交通运输条件。

同时，为了保障全村及几千名外来职工的合法权益，我又牵头成立了全镇第一家制笔企业伤残基金会。若有企业职工伤残事故发生，在医治结束后，伤残服务小组会进行调解，按照伤残等级评定明确赔偿金额，并督促企业赔偿金支付到位。为了从源头上化解伤残纠纷，提高安全生产系数，我们又专门从省里请来了机械工程师，多次对制笔机械上的不合理部位进行改良，增强操作安全性。

为妥善解决"劳资纠纷"问题，我们在村里成立了个私企业联合工会，制定了"企业民工工资及时支付"等一系列制度，把劳资纠纷化解在萌芽状态。有了个私企业联合工会后，我们村就没有春节拖欠农民工工资的事情发生。

（孙关友，1975—2012年任分水镇东关村党支部书记，2005年被评为全国劳动模范）

# 分水制笔，我的庆幸与遗憾

◎口述：杜宝琛
整理：陶　钰

我于1991年与东关村刘根强合办圆珠笔厂，当时仅是一个小作坊，没有厂名。1995年12月我们分开各自办厂，我厂取名为"桐庐云山制笔厂"，这个名字和分水的"五云山"有些关联。1997年4月，我率先将厂更名为公司。

**叩开外贸大门，这是分水制笔的一个"里程碑"**

在起初的那些年，我们的笔都是走义乌市场的，一支笔赚几厘钱，跑的是量。几年后，在分水街上开着好车的，基本都是做笔的，并且也有源源不断的人加入进来。

1995年，浙江一家知名笔业公司到分水来采购圆珠笔。他们将采购去的笔贴上他们公司的商标销售，价格就翻了几番。为什么一样的笔，他们拿去后销售到国外，赚的钱就是我们的好几倍？我们自己为什么不争取外贸出口？

于是我就着手争取外贸出口权审批。为拓宽视野开拓市场，我于1998年首次参加广交会。当年的摊位早就被分配完毕，我们是"二手"买的展销摊位，16万元租了半个展销摊位，4—5平方米，展期15天。这个价位对当时还处于发展阶段的分水制笔业来说，可谓"天价"。但是我想，不管多贵，我们都要到展位上去，只有在那里，我们才能直接面对外贸市场。就是在这次广交会上，我们拿回了55万美元的产品订单，由此开启了分水制笔行业走向国际市场的新起点。从1998年直到现在，一年两次的广交会我们年年去参加，从未间断。

1999年，我与分管工业的县领导到欧洲考察，观摩国外好的样品及先进的设备与技术。走出去了，才知道我们和国外的设备、生产水平差距是那么大。

2000年，我们又组织了分水20多家骨干制笔企业，在中国制笔协会领导及分水镇领导的带领下，到日本、韩国去参观考察他们先进的设备技术，与他们进行交流，特别是学习他们先进的模具技术。这次考察学习收获很大。

**我担任分水制笔协会会长，一干就是9年**

1998年4月，分水制笔协会成立，我担任分水制笔协会首任会长。我当时一方面经营自己的厂，另一方面要抽出时间管理协会的一些工作。

那时候一种新笔的模具出来，仿制的就非常多，大家打起了"价格战"。一度，分水笔成了"低劣""冒牌"的代名词。为了防止这样的恶性竞争，我们逐步制订章程，特别在保护知识产权方面做了大量工作，遏制厂与厂之间仿冒产品的侵权行为。先是做耐心细致的思想工作进行调解，如不能解决再走法律途径。这块工作起初开展得非常艰难，但为制笔业的规范经营奠定了坚实的基础。

企业要发展，必须重视人才的培养与使用。我多次到杭州、桐庐等地以及在网上招聘人才。有的销售人员从零开始，现在做到年销售500万美元以上。销售利润分配向人才倾斜，极大地提高了他们的工作积极性。以前在我公司里工作的很多业务骨干现在也多开始单干，我很欣慰，培养了一批业务能力强、有干劲、有闯劲的徒弟。

### 当年接待习近平同志，他问得很仔细

我记得很清楚，2003年4月分水镇领导说省委书记习近平要来调研制笔行业，让我介绍一下。情况都在脑子里，我不需要怎么准备，但镇领导特意交代了一句，要我穿得稍微正式一点。

4月10日那天早上，我拿出了多年未穿的西装，里面搭配白色衬衣，还特意夹了领带夹，早早地就到企业去等。当我看到习书记的时候，他笑着和我握手。我发现，他穿的是一身便装，倒显得我这一身太隆重了。那天下着雨，但习书记每一个车间都转了个遍，还和外来工人聊天，问得很仔细，包括一天工作多长时间、一个月能有多少收入等等。

笑容始终挂在习书记的脸上，我在介绍时也一点都不拘束，他时不时对

家门口的制笔厂 （王彤 摄）

我介绍的内容提出一些问题。听得出来，他对制笔这一产业给当地百姓带来收入感到很高兴。当我向他介绍我们现在从"中国人均一支笔"向"世界人均一支笔"迈进时，他说：量是上去了，但质要提高，企业要做强做大。后来他提出了"做大做强、强化特色、拓展空间、城乡联动"的十六字指示，我们当时都很受鼓舞。我们虽然当时在做企业、开拓市场方面困难重重，却也看到希望，看到方向。

这一幕过去很多年了，但我现在回想起来依旧清晰。

**我也有一些遗憾，当年若再坚持一下，或许制笔业会有新的发展**

现在我已经在家休息了，回想制笔行业的每一个发展阶段，我还是有一些遗憾的，尤其是我在做制笔协会会长时对于品牌的坚持。记得当年，关于品牌建设如何打造，我们已经拟出了计划和设想，但由于我家庭出现了一些变故，我辞去了协会会长，之后这件事便被耽搁了。

现在想来，无比遗憾。当年我若能再坚持一下，分水制笔的品牌或许树立起来了，可以早一点做大做强。

（杜宝琛，桐庐云山制笔有限公司董事长，桐庐县制笔协会第一至三届会长）

# 将制笔当作头等大事来抓

◎口述：濮明升
整理：陶　钰

　　我在分水担任镇党委书记近5年。刚到分水的头一个月，我把分水的山山水水走了个遍，了解当地所有产业的情况。同时我一直在思考：分水今后发展的重点在哪里？能带领百姓致富的产业在哪里？经过充分的调研，我心里有一个念头：要把制笔业当作头等大事来抓。此后近4年，围绕这件头等大事，我们制定制笔业发展规划，建立制笔业工业园区，动员家庭作坊进园区集聚发展，后来又建立笔业研发中心，成立圆珠笔检测中心，建设专利维权中心，建设展示展销中心，规范、促进制笔业的发展，关于产业兴旺的思路更加清晰，逐步确立制笔主导产业的地位。

　　回头看看，就说几件印象深刻的事吧。

### 我在全国制笔会议上发了一次言

　　1999年末，我带队参加全国制笔会议。当时分水制笔企业虽有几百家，但都是小企业。会上有其他制笔企业的老总不无嘲讽地说："你们分水制笔企业都是幼儿园、小儿科。"我当即半开玩笑半认真地回应："对！说得对，幼儿园、小儿科，才有'今天'，有'明天'，才会充满希望。"

在全国制笔会议上，我做了题为《全国制笔一家人》的主题发言。为了这次发言，我进行了认真的准备。为什么这么认真？因为我觉得其他地区的制笔行业对我们的"低小散"有质疑。在这次发言中，我讲了分水制笔业的发展规划，讲了我们要大手笔进行园区建设、设立配套服务机构等，讲述了政府和制笔企业家为制笔产业发展付出的艰辛与努力，讲了我们分水所有百姓一心谋发展的决心。

在发言最后，我打了个比喻：一个家庭里面有老人、青年、儿童，目前分水制笔业就像个婴儿，还没有贡献能量，还处于需要照顾的阶段，但只要给我们几年的时间，我们一定能做大做强，让他们刮目相看。发言完毕，全场响起了热烈的掌声，我之前忐忑的心才稍微放了下来。

开会回来后，我们就开始着手帮助企业解决一些"瓶颈"问题，譬如分水制笔厂房设备简陋陈旧、小作坊没有场地发展等等，谋划创建分水工业园区成为当时迫在眉睫的一项工作。于是，我们实施了一些措施，如推进园区"三通一平"的基础建设、为企业进入园区开辟绿色通道等，同时我们还带领企业参加广交会，实现外贸自行出口，帮助企业走出国门。在与企业座谈时，我也和分水的企业家们说，分水镇制笔业虽然存在"低小散"的状况，许多还是以家庭作坊的形式存在，处于产业链底端，但是我们对自己要有信心，更要有破釜沉舟的决心。

通过政府鼓励，企业家们认识到当下是发展的最好机会，他们拿出多年的积蓄，在园区内建设新厂房，购买先进设备，园区内的企业就这样开枝散叶，机器隆隆声中呈现了一派生机勃勃的模样。针对当时分水一些制笔企业业主存在"小富则安"的保守心理，我们提出"停止就是倒退"的口号，鼓励企业攀登新的高峰，动员企业投资，把资金用到购设备、买技术、建厂房、拓销路等上面去。

### "三问"与"三答"

2003年4月，时任浙江省委书记习近平来分水调研。当时，我刚到桐庐县人民政府任副县长，分管工业，同时兼任分水镇党委书记。习近平同志到分水，我是陪同介绍人员之一。他在分水工业园区，参观了广众文具礼品公司制笔、套笔过程，从模具车间一直走到装配车间。当看到附近百姓都坐着套笔时，他会心一笑。从工厂来到样品间后，他问了我三个问题。

"你们怎么会想到发展制笔业？"面对他抛出的第一个问题，我回答说，分水是个山区乡镇，没有其他优势产业，制笔业有发展前景，老百姓要富起来，首先需要发展产业。

习近平同志听了我的回答后微微点头。他看到样品间笔的种类非常多，又问了我第二个问题："现在笔这么多品种，你们是怎么做的？"

从交流中，我明白习书记很清楚一个品种的笔是需要一种模具的，那么他这个问题应该是想问我们这么多品种的笔，分水镇的配套是否成熟。

中国制笔之乡2005年即景 （王彤 摄）

我回答说，分水目前其实是社会化大生产的过程，产业链长，企业之间关联度紧密，产业分工细、专业化水平高，已经形成一个相对竞争优势，不再是低成本、低价位的原始块状经济形态。

习书记问我的第三个问题是："在制笔发展中，你们党委政府做了什么？"

我回答说，我们政府在做的，简单一句话来概括就是：一厂一企、一家一户干不了的，事关制笔全局的，都由政府来干。

说这句话，我是有底气的，因为我们确实是这么干的。

### 在分水干的涉及制笔业的"五件事"

现在想起来，当时在分水的时候，主抓了"五件事"，这"五件事"是为解决制笔的技术、质量、维权、资金和市场等方面的问题。每一件事都做得很不容易，但对当时的制笔业发展却有着至关重要的作用。

**技术**——2001年分水镇人民政府与浙江大学建立"浙江大学——桐庐分水制笔技术研究开发中心"，与浙江大学胡树根教授成功牵手。胡教授及其团队结合当地实际，先后承担了"基于RE的制笔精密模具的研究开发""提高塑制笔杆加工质量的材料工艺方法"等多项国家、省、市科技项目，帮助分水镇制笔业解决了技术难题。

**质量**——在省质监局的帮助下，成立圆珠笔省级检验（检测）中心。这是当时省内唯一一家检测中心，为分水圆珠笔质量的把控提供了便捷和帮助，省内其他制笔业都需要到这里来进行质量检测。

**维权**——成立专利维权中心。当时还有个实际问题，就是申报专利和专利生效之间有6个月的空窗期，那么在这6个月内发生侵权怎么办？我们用了个土办法，一是利用《桐庐报》的广告栏进行刊登，另外就是将维权内容写入制笔协会章程，以章程来约束。你想，在分水这样的小镇上，人们抬头不见低头见。只要建立一套信用标准较真起来，仿冒的情况必定大大减少。同时开展各部门联合执法行动，全方位、重点打击制笔行业知识产权侵权行为，增强了制笔企业知识产权保护和创新意识。

**资金**——县、镇两级政府分别投入400万元、100万元资金成立分水镇制笔业担保中心，分水制笔企业通过申请等正常流程在贷款上获得便利。

**市场**——设立制笔业展销中心，为制笔企业解决了市场问题。

当时由于分水制笔企业小而多，征税管理难度大，我们和税务部门一起想了个科学的办法，即按企业用电度数来监督检查企业依法纳税情况。采取此办法后，分水税收有了大幅增长。1999年分水工业园区建成启用，分水制笔企业从原来分散的家庭作坊式的业态逐步向现代企业嬗变，为分水制笔经济的发展打下了坚实的基础。

（濮明升，1999年2月—2004年5月任分水镇党委书记）

# 见证制笔块状经济的形成

◎口述：舒玉明
整理：黄蓉萍

　　分水制笔协会是1998年4月29日成立的，但真正开始运作是在半年后。那年10月，我与桐庐云山制笔老总杜宝琛及部分制笔企业主赴温州龙港参观，对制笔协会的运作模式才有了初识。回来后的第二个月，以发挥行业协会的作用为导向，镇政府与协会就开始明确发展路径，杜宝琛当选为制笔协会会长，我则被推选为协会秘书长。这之后，在政府的引导扶持下，制笔主导产业的地位也逐步确立，协会工作逐步走上了规范运行的轨道。仅当年，协会就吸收会员企业132家。

　　当时的分水镇，已初步形成自行设计、自行开模、杆芯配套的一条龙生产线。但分水制笔是小而多、多而大的产业，前店后厂的家庭作坊存在很大的消防隐患。

　　翌年，为使企业上规模、上档次，充分发挥产业的集聚集约效应，分水镇决定集约起来、扩张开去——通过建立工业园区来实现资源、人才、资金的集聚。

　　但建工业园区说说容易做起来难，仅争取用地指标一项，我们就到县土管、计委等部门跑了多次。工业园区项目批下来后，面对1300亩坑洼不平的沙丘地，完成园区"三通一平"等基础设施还得投入一大批资金。镇里拿出历届政府积累下来打算盖新办公大楼用的400余万元投入到工业园区建设上。

但另一边，却不见企业有意向入园。经过走访后，我们发现镇里对拿地的定价不及县城有吸引力，分水有两家制笔企业正打算搬往县城工业园区。

当时分水镇提出的是"小商品大市场"战略，若制笔企业四处分散就不利于分水做大制笔业这块"蛋糕"了。我们一边降低入园价格，并配套各种优惠政策；一边对有实力的制笔企业进行逐个"攻破"。在一对一的政策讲解下，以濮跃林、陈志林和糜德芳等20余位企业主为首，一批企业主成为当年首批入驻新区的"吃螃蟹者"。

由于工业园区的集聚发展，加上正确的引导和强有力的扶持，分水镇的制笔业渐渐成了"气候"。企业主们或扩大投资，或几家联合，很快，制笔业开始支撑分水财政收入，并出现了一批制笔"龙头"企业。

生产这块解决后，镇政府又开始着力帮助解决销售的问题。此前，分水笔的销售主要依赖义乌小商品市场，渠道窄、品位低，知名度更无从谈起。为了帮助企业拓宽销售渠道，特别是挤进国际市场，分水镇专门成立了项目服务中心。不管是外来投资还是本地民间投资，只要企业有项目、有要求，所有手续均由中心全程帮办。

项目服务中心一手抓"走出去"，帮制笔厂申请自营出口权，使分水笔走出国门，与韩国、日本等国家的老牌制笔企业一争高下；一手打"内贸牌"，多次组织制笔企业参加兰州、广州、香港等地的交易会，让企业主开阔视野，抢占市场制高点。我记得第一次参加广交会，由于当时分水笔知名度小，根本申请不到摊位。为争取摊位，制笔协会会长杜宝琛、我与桐庐县经委的工作人员一连几天守在广交会门口，终于在广交会开幕前一天，从外地一家单位手中花16万元的议价转租到了半个摊位。靠这半个摊位，云山制笔在广交会上第一次拿到了200多万元的外贸订单，这对分水来说是一个很大的突破。接着，分水笔又开始向欧美市场进军。从2001年开始，得益于分水制笔经济的快速发展，参加广交会也不再需要议价购买摊位，数量还增加到了35个。

2000年，镇政府和制笔协会又六下杭州，拿得"西博会"的冠名权，28万支印有"中国制笔之乡——分水镇"的精致塑料圆珠笔成为西博会的指定专用圆珠笔。

为打造制笔经济的核心竞争力，2001年，浙江大学——桐庐分水制笔技术研究开发中心和圆珠笔产品质量检测中心成立；2003年浙江省技术监督局授权该中心为省级检测中心，并成立桐庐笔用油墨研发中心。这些技术中心围绕制笔业快速发展需求的设计、模具、笔尖、油墨、配色五大关键性技术进行攻关。

当制笔产业进入快速发展窗口期的时候，制笔协会自行制定了一套行规行约来维护市场有序竞争。协会规定，凡是加入制笔协会的企业，在新

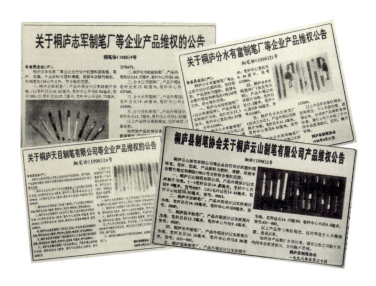

1998年《桐庐报》刊登的部分维权公告

笔设计出来后，必须先到协会登记备案，经审查授予"专利权"后，才可开模生产。我还记得，每出一个专利就会刊登在当地报纸上，我就第一时间将报纸从桐庐带到分水进行分发。

同时，协会还与杭州专利事务所取得联系，为分水制笔企业提供专利维权服务，处理各类专利纠纷案件。还别说，自从协会维权"出招"后，分水制笔业风气也为之一振，让那些原来靠"偷师"的企业再也不敢随便下手了。如此家家得利下，申请专利蔚然成风。2001年全县专利申请才21件，2004年猛增到541件。

2003年4月10日，时任浙江省委书记习近平视察分水，对块状经济发展提出"做大做强、强化特色、拓展空间、城乡联动"十六字方针。以此为契机，分水镇实施品牌打造、培育电子商务、加强知识产权保护等创新驱动，全力打好制笔产业转型升级"组合拳"。

（舒玉明，1998年9月—2004年5月任分水镇党委副书记，分管工业）

# 制笔经济走向现代营销

◎口述：骆建华
整理：黄蓉萍

## 技术攻坚求突破

创建于1987年的桐庐新富制笔厂，同多数起步早的制笔企业一样，也是从一家生产竹竿笔小家庭作坊开始，产品主销义乌市场。初期，分水笔业营销主要依靠产品更新速度和价格来赢得订单，但我们没有随波逐流，而是坚持注重质量和研发，加上苦心经营和科学管理，终在义乌市场站稳脚跟。同时，我们在做好国内批发的同时，也率先将触角延伸到了国际市场。

2002年，经中国轻工业联合会、中国制笔协会的考核验收，分水镇被正式命名为"中国制笔之乡"。加上我国加入WTO以后，市场愈来愈规范，要求经济发展在扩大总量时也向质的提高转变。我们把握时代脉搏，顺势而为，在2002年正式成立中外合资企业，加大研发投入，扭住技术攻关这个"牛鼻子"，使产品达到国际化水平，并争取拥有自己的知识产权和专利。

2003年，我们投资数百万元征地20余亩新建大厂房。2005年搬入花园式的新厂房后，我们便放开手脚谋发展，导入全新的、较先进的生产设备和工艺装备，通过PDCA循环，不断提升产品和服务质量。因此，企业得到了飞跃式发展，产能飞速扩张，成为桐庐出口制笔企业的领头企业。同时，我每年都拿着新产品的样品和图纸，到广交会、华交会甚至德国的法兰克福去参展，争取订单。

也是在同一年，分水镇成立制笔块状经济区域创新服务中心，并为制笔业的产业升级提供引进装备的贷款贴息1000万元。政府的强力推动使企业参与产业升级的热情高涨，骨干企业为科技攻关提供了小试和中试基地，新富文具便承担了精密模具软件的试任务。就是我们先引进多台可自动削切的模具数控机床，待技术成熟后，便由我们企业优先使用，然后扩散到整个行业中去。

### 积极实施品牌战略

2007年，我们又与外企STYB公司（西班牙规模最大的制笔企业之一）

杭州新富文具实行"机器换人"

联手引进了一条国外先进的圆珠笔生产线，实现了圆珠笔生产全自动化。

到了2008年，在整体经济形势不容乐观的情况下，原材料、劳动力等要素成本上升挤压了原本就微薄的利润空间，加上金融海啸使外贸需求量锐减，这对于外贸依存度高达近70%的分水来说，无异于"当头一棒"。我的公司也如大多数外贸制笔企业一样，订单数量急剧减少，利润下滑。福祸相倚，分水制笔业被"逼着"想办法。恰巧此时，我与其他制笔企业主跟随分水镇相关领导到欧洲和国内几个制笔发达地区进行了考察。这一考察使我有一种豁然开朗的感觉。

不破不立，我们当机立断，决定率先从这片困境中走出，我的企业成为分水镇首家实行"机器换人"的企业。从2009年起，公司陆续小规模地更换了一批制笔设备。2011年，在分水镇党委、政府的大力支持下，公司共投入260多万元资金，购入28台注塑机上的全自动机械手、5台高档制模和检测设备、6台高档注塑设备和1套高档的仿金属笔表面生产线，这支优良的机器大军正日臻完善。除引进先进设备外，我们还不惜重金聘用高层次管理人才，打造更强的市场竞争力。

尝到了科技投入带来的甜头后，我们领悟到品牌的重要性，明晰有了自主品牌才能在市场上立足。于是我们在内实行精细化管理，加强人才队伍的建设，并组织部门主管参加精细化管理培训。实施创新机制，消化吸收并转化国外先进的五大制笔核心技术，将精密模具制造、精密机械加工、机电一体化、表面特种处理和精细化工技术作为公司的技术发展重点。功夫不负有心人，很快，我们自行研制生产的圆珠笔、中性笔经专家鉴定，达到国际同类产品的先进水平。企业还创新开发新产品达上百种，有60余项有效专利，并拥有自主知识产权。此外，企业还成立了研发中心，创造性提出"笔类新产品反求设计技术"等先进技术和工艺，实施创新打造名牌产品战略。

### 创新带动分水"质造"

2011年，分水制笔业的产业协作和相关配套发展已相对完善，产业链也初步形成，企业也能专注于优势项目，将有限的研发资金投入到本企业最擅长的分工环节上，保证研发投入高效率，提高了创新成功概率。在此形势下，我们整合自身优势资源，总投入320万元成立了"浙江省圆珠笔专业设计公共服务平台"，为30多家分水制笔企业提供圆珠笔相关的设计服务，使这些企业借助此平台不断创新，增加产量，增强国际市场竞争力。

同时，创新带来的超额收益增强了行业内的大多数企业的创新意识，提高了其国际市场议价能力，保证了利润空间。此外，我们还与中国制笔协会等行业协会和高等院校建立了长期稳定的合作伙伴关系，积极开展产学研活动，成效颇丰。企业被认定为浙江省科技型中小企业、杭州市专利试点企业、桐庐县质量奖企业等。

目前，我们拥有国内最先进的注塑机及制模设备60余台，专业技术人员20余人，具有较强的技术力量和生产能力，从原料、成品到新产品开发都能自行独立完成；每年开发新产品20余款，完全可以根据客商的不同需求而设计生产，为企业创造了良好的经济效益和社会效益。公司作为第一起草单位牵头制定的浙江制造《油墨圆珠笔和笔芯》标准正式发布且通过了浙江制造认证，更助推了分水制笔产业高质量发展。

〔骆建华，杭州新富文具制造有限公司总经理，2017年起任杭州市（桐庐县）制笔行业协会会长〕

# 我们推开了分水制笔电子商务的大门

◎口述：濮跃林
整理：黄蓉萍

　　1999年我创立桐庐县联华制笔有限公司时，我的公司在分水已属于起步较晚的"后进"企业，但得益于广阔的市场需求，公司的发展势头很好。短短几年，联华制笔就进入分水制笔行业的前十强。2007年，企业年产值一度做到了1500多万元。

　　但是统观分水制笔，创新度和产品附加值低，赖以生存的外贸市场在不断缩小，再加上原材料、劳动力等要素成本上升不断挤压着原本就微薄的利润空间。2012年初，分水镇党委、政府提出了转型升级发展电子商务的新思路。但现实情况是，我们这些做实业的制笔企业主此时还是只闻其名不知其实。在我们最初的认知里，一支5毛钱的笔，放在网上零售，光运费就要笔价的10倍了，谁会买？

　　很快，在政府的主推下，通过实地考察学习、组织培训等，明确了以电子商务作为分水制笔产业转型升级加速器和调整经济结构、发展区域经济的增长极。2012年11月28日，在县、镇两级政府的引导下，桐庐首家电商协会——桐庐县文具电子商务协会组建成立。同时，以桐庐联华制笔有限公司、桐庐正华文化用品有限公司、桐庐莱雅文教用品有限公司、桐庐精益制笔有限公司4家企业为主体，注资1000万元成立了杭州一马平川电子商务有限公司。这家企业也是桐庐唯一一家提供集网络分销服务模式和企业网店代运营服务模式于一体的"双模"电商企业，由此推开了桐庐县制笔业的电子商务应用进程。

一马平川电子商务平台正式上线运营后，通过政府推广、媒体网络推广、主题活动推广3个层面的前期宣传造势，以上门洽谈、论坛发帖、街头招募等具体形式，打消大家因为不了解而产生的各种顾虑，并广泛吸收会员。很快，平台就在分水本地发展了上百家小卖家，并根据对方实力，匹配建议开设天猫店、淘宝C店等。

以一马平川的笔制品分销平台来说，通过该分销平台，会员企业可将各自的产品统一放在平台的仓库中，由我们拍照、设计、做数据包、包装、发货。会员登录下载产品数据包后，可在各自的淘宝店里上架，并做好店小二接单工作。分销平台步入正轨后，会员的联系、培训工作也都井然有序地进行着，这也让大部分会员开始正常营业，每天的订单量都在逐

分水妙笔文创园

步增加。

分水制笔电子商务起步早，思路对，一开始的路子走得挺顺。当时的一马平川电子商务正如一股热浪，首批敢想敢干的制笔企业主抱团发展，充分发挥自身销售模式特色，迅速赢得市场，红利也很快显现。比如我们企业也在天猫商城开设了剑云办公用品旗舰店，试水近一个月，网店每天都有订单，也让我初步尝到了电子商务的甜头。

自平台成立以来，我们的运营团队也在快速成长。我们组建了一支年轻有朝气的精英团队，并在分水镇建立了仓储中心，在桐庐商务区成立了研发中心、产品处理中心、大学生实习基地及智能化仓储中心。同时业务拓展不断加快，短短半年多，公司股东已由成立初期的4个增加到13个，设立天猫店超过40家、C店超过500家，日均出货近3000单，实现年销售额2000余万元。

在平台的努力下，随着网上市场的进一步拓展和知名度提升，我们以市场为导向，把市场的需求更真实地、更直观地反馈给企业，推动企业创新技术和产品。仅2012年6、7月份就上线188款新产品，产品类别丰富。通过多类文具产品打包销售，改变了原来单一的生产销售模式，原来未涉足的塑料尺、水彩笔等产品已逐步开始自主生产加工，整个产业面和产业链得到进一步拓展延伸，平台效应不断增强。

那几年，一马平川电子商务平台的发展可谓迅猛。2013年销售总额2600万元，2014年销售总额5100万元，并拥有近1000平方米的运营中心及2000余平方米的现代化仓储配送中心，拥有电商实战经验的专业团队及外聘顾问团150人。

可惜的是，平台后继乏力。追问一马平川电子商务平台失败的原因，我认为可从几个方面探寻：首先，虽然分水制笔业涉足电子商务在传统经济中相对较早，但是在整体迈入新台阶后，后续资金投入方面一直不足，多数股东持观望态度，甚至直接退出转战其他投资领域，创新未持续、无气魄；其次，缺乏专业化的经营，平台管理仍多以传统方式运作，对电子商务本质缺乏深刻透彻的认识，网站经营手段落后；再次，平台运作缺乏其他政策、物流等有力支持。2014年，平台整体被桐庐正华文化用品有限公司低价收购，并迁往桐庐县经济开发区。不过，早期的浓厚氛围也培育了最早一批的C端小卖家。

（濮跃林，杭州一马平川电子商务有限公司创始人之一）

# 做分水制笔跨境电商风向标

◎口述：周建勤
整理：黄蓉萍

2000年，我以10万元的积蓄买下3台注塑机，怀揣梦想，创办了桐庐百特文化用品股份有限公司，开始加入分水制笔"群雄逐鹿"的行列。起初，我也随大流，产品的销售只盯着义乌小商品市场。很快，我发现义乌市场除产品质量鱼龙混杂、良莠不齐外，还有个"打零头"的问题，货款回收困难。

2004年，我将销售重心转移到宁波市场，因为宁波的外贸公司大多能将货款准时付清。另外，我也开始天南海北地参加各种交流会，对接客户争取订单。2007年，我积累了一定的底子后，在分水镇东斋东路50号造了新厂房。

2008年金融危机爆发后，分水制笔企业的订单少了一半左右。不过，与生产礼品笔的企业不同，百特文化主要生产书写用笔。经济危机影响下，原材料塑料粒子的价格大幅降价，但书写用笔的需求和价格都只是小幅波动，因此百特文化的效益不降反升。在此期间，我依旧一心谋发展，马不停蹄地到上海等大城市去考察，设置企业产品的销售点。

企业的转型拐点出现在2012年。我女儿大学毕业，学英语专业的她放弃大家看好的"安稳工作"，和我一起为企业发展找寻"最优解"。刚开始的一年，她自己跑国内的广交会，以及美国、迪拜和德国等地的展会。一年下来，她的销售额就有两三百万美元。重要的是，她这种不经过任何中介的外贸订单，可比以往传统贸易的利润高多了。

跨境电子商务成了国内外贸企业通向全球市场的一条"高速公路"。2015年下半年，我们抓住风口，借助跨境电子商务进行数字化转型，成效斐然——一个月就出3个货柜，一个货柜200多万支笔，也就是说，一个月就赚了60万元。

赢得跨境电商最初的爆点，我觉得主要归功于"抢抓时机"。我记得当时百特入驻跨境电商平台时，也正是"减压利器"《秘密花园》填色书快速流行起来之际，由此带动了我们的彩色笔销量。考虑到跨境电商的物流费较高，我们又将平台上架的水彩笔规格从一包40支改成一包100支或

精工出妙笔

120支的水笔笔芯组合。果然，销量很快就证明这个小变动符合市场需求。那几年，销量几乎以每年翻番的速度在增长。百特文化在跨境发展的"开门红"，也让我们在这个海外市场的新通道里一下站稳了脚跟。

不过，我们也有自己的市场竞争力，有着传统外贸制笔企业的近20年经验，在产品、技术、企业管理和外贸流程上较为成熟。同时在出口标准多年的高要求训练下，我们在产品生产能力、品控能力和产业链等方面已达到一定水平，市场反应快速。

2018年下半年，我们在跨境电商平台上总共有10家店，总销售额也达到了历史新高。我又敏锐地提前谋划，将交易都通过全通贸易进行，退税、缴税等守好法律底线。同时，发展跨境电商过程中，我们利用所获得的最新信息，从市场数据方面为产品研发、市场营销和售后服务提供支撑。

在产品研发这块，我们设计出来的新产品市场回馈成功率较高，品种也增加至马克笔、记号笔、油漆笔等。值得一提的是，我们企业一直以产品质量为中心，开发的时候精益求精，任何细小风险都要规避掉，对次品零容忍。这样可以让企业的库存小，能稳定赚钱，同时也让客户的忠诚度和稳定性更高。长期的价廉物美的闭环之后，飞轮效应凸显。

尤其到了2020年，疫情下的"宅经济"，引爆了笔类销售，几乎80%的笔类品种在跨境电商平台一经上架就被秒空。考虑到跨境电商的海外仓内库存不足，我适时对低库存产品进行调价试图减缓销售速度，但令人没想到的是，经过连续三次的调价，销量不减反增。

百特销售破亿，让很多小商品跨境电商人找到了效仿的对象，但是，低门槛并不意味着低标准。当前跨境平台红利正逐渐摊薄，前端流量多元且碎片化，想简单复制也不是易事。至2021年，原有平台商家补仓都补足了货，"围墙"外的新人也兴冲冲闯了进去，才发现市场不再是前一年的了。滞销现状下同类企业将产品价格一压再压，严重扰乱了平台市场。

面对容易变脸的跨境电商市场，加之小批量、个性化、快速反应的订单需求，企业在供应链整合能力上也面临很大的挑战。一方面，我狠抓品牌和品质，从2016年开始，陆续投入500万元进行企业的技术改造，引进行业领先的注塑机、装配机和模具等；另一方面，我跟女儿这个运营商进行高契合度的配合，并进行"小步走"的踏实发展。

2021年12月29日，我入选了当年的桐庐企业家"群英榜"。这是对百特20年发展的肯定。接下来，我们将继续在制笔款式多样性上下功夫，并尝试一些跨行业业务，稳稳地走好发展之路。

（周建勤，桐庐百特文化用品股份有限公司总经理）

# 数字化带我进入下一个"笔业"

◎口述：林　海
　整理：陶　钰

**生活需要一个目标**

我做制笔，受到家庭的影响那是一定的。我的父亲林岳亭，1993年创办了桐庐先锋塑料制笔厂。我的两个叔叔做笔更早，20世纪80年代初就已经在"跑"义乌市场。

我还在读初中时，看到叔叔们买起了本田王摩托车，周围认识的做笔业的老板开起了桑塔纳。那个时候有一辆车是很有排面的，我在心里就想，这个产业挺好的，能赚钱。这就为我以后制笔做好了铺垫。

我在2003年4月10日注册公司。那天正好是时任浙江省委书记习近平到分水镇调研制笔块状经济。他还提出了"做大做强、强化特色、拓展空间、城乡联动"十六字重要指示。多年以来，公司正是紧扣"十六字"指示，不断通过转型升级，提升产品竞争力，逐步发展壮大。

我和父亲的侧重点不同。如果说父亲经营的是比较传统的企业，在日常经营模式中还是比较老式的话，那我的重点则是在外贸，后来是数字化。尽管如此，父亲那一辈制笔人的勤劳、执着、吃苦创业的精神始终影响着我。我也坚信，随着时间、环境的改变，只要赋予传统制笔业新的内容，它就肯定有生命力。

有一段时间，外面的制笔企业看不起我们分水制笔，认为我们"低小散"，认为我们劣质品、仿冒的多。我认为很多行业在发展初期的确是以粗放的形式存在，但不能"一棍子"就打死这个产业。事实证明，制笔业的发展给分水镇村民带来家门口的就业，老百姓都不需要去外地打工，在家门口套笔就能养活自己，勤劳一点的收入还不错，这就是"一支笔"的百姓经济在分水的最好体现。

我公司的头10年在分水制笔业界中排名并不在前列，但也过得不差，说"小富即安"也好，说过"安稳日子"也行。之后，分水镇的分管领导经常来跑企业。起初，我觉得领导过来无外乎了解了解情况，再鼓励鼓励企业做大做强。但渐渐地，我发现，对于制笔业的未来、制笔业的外贸市场，他比我们专业的还要"专业"。在一次次聊天交流中，我们制笔企业人慢慢放下了顾虑，也会说说遇到的困难、发展的阻碍。然后我们发现，有时候无意间发的一个牢骚，居然得到了非常正面的反应。几次之后，有一天我突然觉得，一名政府官员都在倾心倾力为我们企业发展竭尽全力，我们有什么理由退缩在后面。就是在那天后，可以说又一次点燃了我的创业激情，比作"顿悟"也好，比作一束"火花"也好，我的确是"坐不住"了。

我记得很清楚，2017年10月5日，从企业实际出发，我制订了2个"五年目标"，其实第三年就完成了第一个目标，这也给了我莫大的鼓舞。我知道，人的一生中能把握的机会不多，而幸运的是我握住了。

### 和大客户一起成长

和大客户合作的好处就是，你可以看到更广阔的未来。

我最大的客户就是"晨光文具"，他们企业管理的精细化、对产品质量的严格要求对我有很大的触动。

　　我也了解过"温州模式"，一个企业赚了10元钱，他会投入更多的钱到技术、设备等领域，来使自己走得更远。而我以前总是谨小慎微，觉得投太多的钱到设备上会存在风险，市场变化瞬息万千，谁又总能立于潮头！但在和"晨光"接触的过程中，我慢慢扭转了自己的想法。

　　在之前的一段时间，我其实全年都非常焦虑，没有订单会发愁，订单多了也发愁。分单子做，存在质量管控风险，利润也会降低；自己做，根本来不及，无法按时交货。而后有一段时间，我跨领域搞了一些副业，甚至不想再把重心放到制笔业上。

　　痛定思痛后，我想明白了两件事：一是制笔不是没有市场，而是我自己没有走好。二是必须更新设备，走到制笔技术前端去。为此，我内强自身，购置先进设备，对外则拓展市场，用"两条腿"走路，不断创新企业经营模式，增强抗风险能力。

　　如今，我不管接多大的单，都不慌乱。因为我有底气来承接，人也处

分水制笔注塑车间

于比较轻松的状态，有了更多的时间思考企业发展的出路。而我也逐渐明白，市场永远不缺商品，缺的是性价比高的产品。

我成了晨光加工企业中的"模范"，多次在晨光的供应商大会上做交流发言。

## 数字化带我进入下一个制笔业

如今，我企业进入了数字化时代，公司从生产至销售实行全流程数字化管理。

每5个机台旁只配了1名员工，他们无须盯着设备，只需要把笔盖、笔杆整理好，送到灌墨车间。每个机台内都安装了芯片采集器，设备运行情况会传送到数据中心，我们通过手机就能实时看到生产情况以及设备故障报警，并迅速做出反应。

以注塑车间为基点，我们还将在物联网中接入装配线、仓储物流线等，实现生产至销售全流程的数字化管理，预计总成本可下降15%。

强化数字赋能，加快核心技术创新、生产组织创新、市场拓展创新，不断提升综合竞争力，我认为，下一个赛道，肯定要在这些上面下功夫。

2021年，我们的企业销售产值超7000万元，生产各类笔2亿余支。2022年入驻天英小微园后，我们大力实施数字化改造，转型升级的步伐不断加快。

**（林海，杭州金马文具礼品有限公司总经理）**

# 小小球珠 大大远景

◎口述：赵　飞
　　整理：陶　钰

我是河南沈丘县人，1985年入伍到沈阳。5年的军旅生涯培养了我坚韧不拔、自强自律、积极进取的精神，并成为我一生的财富，也使得我在日后创业的重重困难中从没放弃过拼搏。

1990年，我退伍回到家乡，做起了物流运输生意。10年里，我全国各地跑了个遍，印象最好的是浙江。浙江山清水秀，不仅治安好，而且人也热情善良，当时我就在想，以后要是能在浙江工作，那该多幸福。这10年，我经历过出车途中的各种艰难，虽然没有赚到钱，但我不停地告诉自己，生活的磨难对我来说都是历练，既然逃不过，那就积极面对。

转机出现在2000年。那一年过年，我的连襟刘亮看我运输跑得很辛苦，无意中说，你还不如试试做这个球珠。当时，他正供职在上海一家生产圆珠笔球珠的外资企业。说者无意，听者有心，他的提议仿佛点燃了我心中的火把。我和刘亮聊了好久，了解到国内每年生产的圆珠笔高达400亿支，然而核心的笔珠技术和原材料却高度依赖国外进口。面对如此之大的技术和市场的双空缺，我觉得这是一个机会，而这个机会此刻就摆在我的眼前，我要干。

球珠生产车间

看我如此坚决，刘亮拿出了他的全部家底支持我。2001年，我们从上海英雄集团买了20台旧设备，我清楚地记得当年是800元一台，运到河南租的场地就开始了生产。

我一不懂技术，二没有资金，有了产品，销售肯定要担负起来。当年义乌市场已经非常繁华了，只是当年义乌笔珠市场是被国外产品垄断的。人生地不熟的我来到义乌，每天跑企业，每天碰壁。没有收入，每天还要支出生活费，就这样跑了3个月，我有点泄气了。"要不还是回去跑运输得了"这个想法冒出来的时候夹杂很多的不甘心，却又很无奈。就在我快要放弃的时候，遇到了人生中的一位贵人，他静静听完我的诉苦，然后送给我一本书，是卡耐基的《成功之路》。"今天的事今天做完，不要留到明天。""不要怕碰壁。"这些话语激励着我，使我重新燃起了斗志，燃起新的希望。

一次、两次、三次……在我的坚持中，我的第一单业务来了，是200万粒球珠，4厘钱一个，一共8000元，当年利润空间还是比较大的，拿到手的利润有4000元。虽然钱不多，却给了我很大的信心。义乌市场也开始逐渐认识我这个北方小伙，一家、两家、三家，慢慢地，到年底半年的产值达到了40万元左右。

企业慢慢走上了正轨。2007年，我兼并了上海英雄集团下属贵冠公司和上海上芯厂这两家专门生产球珠和笔芯的工厂，成立上海鼎升文化用品有限公司，从原先以球珠加工为主转向从原材料到球珠生产整个过程的加工。

球珠看似简单，但其中的工艺非常复杂。每一道工序都得非常用心。这些年来，我们只要听说日本、瑞士哪一家的球珠好，我们就会拿到样品进行研究。专心一致，让我们从一家默默无闻的球珠生产企业变成了全国知名企业，市场从国内拓展到国外。2013年起产品开始销往印度、意大利、日本、韩国、巴基斯坦等国家，生产的产品40%都是国外订单。

2014年我们进一步扩大生产，在上海青浦建起了2000多平方米的厂房。

分水我很熟悉，因为我有很多客户是分水的。分水是制笔之乡嘛，但我不曾想过，有一天我会把企业搬到分水。

2016年上半年，我公司来了批特殊的客人，带队的就是时任分水镇党委书记施建华。交谈中，施书记希望我能搬迁到分水去，因为分水没有一家生产球珠的企业，他希望我的企业能作为行业补充带动当地制笔企业共同发展。我当时一口回绝，从上海搬到一个乡镇去，交通区位没有优势，我想着即使我同意了，我的股东们也绝不会赞成。没想到下半年，施书记带队又来到了我这里，一起来的还有分水30多家制笔企业老板，当然这其中有我的客户。在这次交谈中，我感受到了不一样的分水，感受到了分水镇领导的诚意，更感受到他们对企业的那种服务精神，我的观念转变了。2017年，我们成立了杭州鼎申新材料科技有限公司，2020年进驻天英文具产业园，公司占地4000平方米。

很多人觉得制笔业总归是小打小闹，但我不这么认为，就如同我们公司生产的球珠一样，看起来很小，但我相信前景一定"很远"。

（赵飞，"新分水人"，中国制笔协会副理事长，杭州鼎申新材料科技有限公司总经理）

# 横村针织

1968年张菊仙带领6名家庭妇女，靠2台粗纱96针旧袜机带动了横村针织的起步。到1980年，横村已初步形成以针织、服装为主体的工业群体，据统计当时有相关社队企业15家。

20世纪80年代，针织厂、经编厂、纺织服装厂等一大批横村针织企业如雨后春笋破土而出。到1987年底全镇工业产值突破1亿元大关，横村镇成为省出口创汇的重点乡镇。1998年大批镇办集体企业完成转制，横村企业迎来又一个发展机遇。

横村镇

2001年行政区划调整，原方埠、横村合并为新的横村镇。针织产业进入快速发展阶段。2004年11月，横村镇被中国纺织工业协会确定为全国纺织产业群试点单位，并被授予"中国针织名镇"称号；2010年，被中国毛纺织行业协会授予"中国出口毛衫制造基地"称号。2012年，创成浙江省针织出口基地。

　　此后，横村镇调整纺织结构，注重品牌建设，注重研发创新，2015年获全国"纺织结构调整突出贡献奖"。针织产业逐步从传统的"贴牌加工"发展为横村支柱产业和民生产业；同时，致力于打造全国针织服饰产业电子商务集聚地、针织企业产品展示推广基地，建成"中国围巾城"。至2022年底，全镇针织企业697家、1495家个体工商户，规模企业27家，销售额9.65亿元，全行业实现工业总产值73.36亿元。

# 我的袜厂故事

◎口述：张菊仙
　整理：刘月萍

　　我出生在1928年，是横村镇上的居民，一个地地道道的家庭妇女。20世纪60年代，为了增加家庭收入，我在横村街上摆了个缝纫摊，专门帮村民们缝缝补补。在摆摊的过程中，认识了6个情投意合的小姐妹。姐妹们空闲的时候聊聊家常，有困难的时候就互相帮忙。那时候家家日子都不太宽裕，幸好大家都热情善良，团结互助。1968年，在横村镇居委会的支持下，我带领六姐妹成立了服装加工点。因为我是领头人，所以肩上的担子自然比其他人重些。当时横村镇就那么点范围，缝缝补补也挣不了几个钱，还要每天风里来雨里去的。我有个阿姨嫁在上海，有一次她生病，我到上海去探望她，碰到了表弟马柏海。他当时在上海同心袜厂工作，还是一个领导。他与我聊天时，我跟他讲了自己家当时的生活状况和服装加工点的事情。他就建议我去办个袜厂。刚开始我吓了一跳，我一个农村妇女，没什么文化，也没多少见识，哪敢办厂？表弟拍着胸脯笑着跟我保证："表姐，你放心吧，我会帮你帮到底的。"表弟说他不仅会帮我买到当时紧俏的织袜机和原材料（因为那时候都是计划经济，绝大部分商品都要凭票购买），还会负责联系好技术师傅上门指导培训。有了表弟的保证，我欢天喜地地回到桐庐。

那时候的尼龙袜和丝袜是非常行俏的用品。横村镇上的村民当时基本上都是穿自己用棉纱织的棉袜，没有弹性也不美观，保暖性也不如尼龙袜。城里的亲戚走亲访友时偶尔送一双尼龙袜来，那是很招人眼红和羡慕的事情。所以从上海回横村的路上，我就预想到这个袜厂若是能办起来，肯定是好事情。但是办厂首先要买机器、要买材料，要买东西就要花钱，钱在哪里呢？一开始我还抱着不安的心跟六姐妹说筹钱的事，没想到，话音刚落，姐妹们就纷纷表示会把自己压箱底的私房钱都掏出来支持办厂。有了钱，我也有了底气，先后去上海6趟落实办厂的材料。那时候交通也不方便，我天不亮就起来，从横村赶到桐庐，乘最早一班6点半的轮船，10点钟到杭州南星桥，然后换坐火车大约4个小时到上海。头一天基本是在路上，办事情要到第二天，回家又要用一天。出门一趟，顺利的话至少要花3天时间。幸好吃住都在阿姨家，省了不少开支。表弟也是说到做到，不仅

桐庐袜厂电动织袜车间

想方设法帮我落实机器和材料，还把熟悉的师傅请到横村来，手把手地教我们这些姐妹如何套袜、洗袜、烘袜。

1970年，我们姐妹在横村老街上租了一间很小的破房子开始办厂。第一批袜子我不敢生产太多，因为心里实在是没底。虽然表弟说可以帮我销售，但我想桐庐到上海毕竟不方便，况且袜子是日用品，横村人要用，桐庐人也要用，能够在当地打开销路最好。所以我带着第一批产品走进了桐庐的百货公司。没想到我走进去时像踩在棉花上，心慌慌的；等我走出来时像是走在石板上，踏实得很。百货公司的领导对我说，有多少就要多少。生产的袜子从试销直接跳到代销。最初厂里因为织袜机少，我们生产的产品还蛮简单；后来随着技术的提升，我又从上海购进新的机器，可以生产男袜女袜和童袜，品种也多样化了。产量一提高，销售就从桐庐扩大到杭州了。我后来甚至跑到绍兴、宁波去推销袜子。

袜厂就像我的孩子，我看着它出生，看着它成长，看着它越变越好，心里真是说不出的满足和高兴。为它吃再多的苦，受再多的累，我也心甘情愿。我也忘不了那些曾经帮助过我的人。我的表弟自不必说。我还记得当时杭州财税局的屠鑫升（音）同志，我本不认识他，后来在杭州市推销袜子时，有人让我去找屠同志。他帮厂里提供了无息贷款，解决了厂子扩大生产缺少资金的难题。还有我去绍兴、宁波出差时，全部是住在朋友的家里，为厂里节约了不少的开支。

经过8年创业，袜厂生产规模扩大了，效益提高了，但麻烦事也多起来了。以前我们姐妹齐心协力，管理也简单。后来要到袜厂上班的人越来越多，亲戚朋友邻居家的小姑娘，书不读了想工作，都找各种关系想进袜厂上班。我不仅要找师傅来培训工人技术，还要找资金购买新的机器，生产出来的袜子又要想办法及时推销出去。随着年龄的增大，我真的是感到有些力不从心。上海请来的师傅有的嫌工资低，有的不习惯当地的饮食，换了一波又一波。袜机的零部件损耗也大，那些钩针坏了，替补的材料在哪里能托人买到都是问题。因为袜厂的事情，我常常愁得吃不下睡不着。

为了让横村第一个针织袜厂有更好的发展前途，我们七姐妹商量决定把袜厂移交给横村镇人民公社。1979年，针织总厂分设袜子、毛衫、内衣3个分厂，滕洪兴（音）任横村袜厂第一任厂长。滕厂长后来到江西洪都袜厂买来100多台电袜机，当年，职工就增加到230多人。横村的针织事业开始了崭新的篇章。

（张菊仙，横村第一代针织人）

# 横村针织业初创历程回顾

◎口述：王德寿
整理：黄新亮

1975年4月，我从部队转业至横村镇，政府安排我到镇办皮件厂工作。1975年10月，我"临危受命"代表政府方接管一家街道企业——横村袜厂，担任党支部书记兼厂长。

我进入企业后，一面做好稳定职工队伍工作，一面做好扩大生产规模工作。优化"按件计酬、多劳多得"的分配原则，制订激励机制，计件工资与产品质量挂钩。职工人数从近20名增加到30余名。

20世纪70年代中后期，我国还处在社会主义计划经济发展阶段，工业落后，物资紧缺。在原材料供应方面，我采取"全面突击，多管齐下"的工作策略，取得各级政府部门的支持，并利用各种社会人脉资源，争取尼龙丝的计划指标及来源。

功夫不负有心人。我们通过省纺织公司等关系，联系上了本省平湖市一家专业生产尼龙丝的化纤厂，达成了计划外产品长期供需合作协议。原材料从"吃不饱"，到基本能满足企业生产需求。

在产品销售方面，我们拓展了思路与方式，逐步由原来本县及周边县市商业公司、百货商店、门店的销售，向省内外和国内大、中城市（如上海、北京、天津、沈阳等）的百货商店、商业公司销售转变，也有调动社会各方面人脉资源的做法。我身先士卒，带领销售人员主动出击，拓展产品销售渠道。

当时，我们争取到一批外贸兔毛库存尾货，这也是本厂首次试制兔毛衫。负责销售的副厂长带上产品出门推销，数天后无功而返。我意识到事关重大，就当着大家的面立下了"军令状"："这批兔毛衫如果销不出去，你们就到钱塘江里去找我！"经过我的努力，终于大功告成，取得了良好的经济效益。

尔后，企业产销两旺，呈现出良好发展态势。不到半年时间，年产值从接管时的1万多元猛增至2万多元，翻了一番多。

我们采取"走出去，请进来"的办法，聘请相关技术人员，增强技术

针织横机车间

力量，解决技术难题，开发针织新产品。我们先后从绍兴请来了两位沈氏师傅，从余姚请来一位电机师傅，还从上海聘请多名国企退休技术人员。

工欲善其事，必先利其器。企业购进电机设备投入生产，手摇织袜横机和电动织袜横机同步生产，生产效率显著提高。

企业步入了良性循环的发展轨道。可是，新的问题又来了，原有的生产场地已经不能适应日益扩大的生产规模需求。经镇党委、政府同意，1976年5月袜厂搬到了镇建筑公司办公大楼。生产条件和环境有了较大的改善，企业规模迅速扩张，职工数量达到了50余人，尼龙袜年产销量达到3万—5万双，实现销售10余万元。

企业有了一定的资本积累，建造新厂房之事提到议事日程上。经镇政府批准，我们立即成立了筹建小组，我亲自挂帅，有关管理人员作为组员，参与筹建工作，大约于1976年上半年开工建设，征用集体土地10余亩，折合8000余平方米。

在厂房建设过程中，职工们发扬主人翁精神，劳动、生产两不误，利用工余时间义务投工投劳，捡石头，挖沙子，完成劳动任务后，再按时到厂里上班。共产党员、后勤管理人员更是积极带头参加劳动。通过大家共同的劳动，企业得以将有限的资金用在刀口上，降低了一定的建造成本。

经过近半年时间的紧张施工，厂区内首幢生产办公大楼圆满竣工。袜厂于1976年12月从建筑公司乔迁至新厂房，企业更名为横村针织厂。时隔年余，又建造了第二幢生产大楼，设置两个大车间，分别生产针织毛衫和棉纱内衣。

从主打产品尼龙袜，到尼龙衫、兔毛衫、羊毛衫的生产加工与销售，产、供、销一条龙，还上马生产棉纱内衣，形成袜子、毛衫和内衣三大系列"拳头产品"。由1个专业生产车间发展为3个专业生产车间，企业迅猛发展壮大，凸显出规模效应。

那个年代，横村针织企业成为"香饽饽"，用工数量大。为此，我们征求镇党委、政府意见，制订了招收职工的基本要求和条件，即思想上进、头脑灵活、身体健康，具备吃苦耐劳的精神；原则上逐步确保每户家庭有一人进厂做工，条件优越者则破格录用。对于困难户、有残疾人的家庭和烈军属家庭，予以特殊照顾。

企业建立和完善各项管理制度，确立"质量第一、信誉至上"的宗旨与理念，开展社会主义劳动竞赛活动，充分发挥党组织战斗堡垒和党员先锋模范作用。在我们打出一系列"组合拳"之后，企业生产和销售业务蒸蒸日上，三大系列"拳头产品"产生"三架马车"的引擎效应，企业在市场竞争中站稳了脚跟，步入上规模、上等级的发展轨道。

1978年12月底，企业职工总人数达到1000余名，年产值近700万元，上缴税收20余万元。

从内销产品到外贸出口产品，20世纪70年代中后期至80年代，横村制造的针织品漂洋过海，声名远扬。针织产业不仅推动了横村镇经济社会发展，而且增加了百姓的家庭经济收入。

1979年9月，我接受组织安排，调回镇政府担任党委副书记兼工办主任。我离开针织厂时，已经分设袜子、毛衫和内衣3个生产车间。不久在此基础上成立了3个厂，这便是后话了。

回顾我在针织企业工作的这4年，既是横村镇针织业初创阶段，也是迅猛发展阶段。星星之火，可以燎原。今天，针织产业已成为本县的主要块状经济之一、横村镇的支柱产业，"中国针织名镇"成了横村对外宣传的金名片。我作为针织产业初创及发展的亲历者和见证者感到十分欣慰，衷心地祝愿横村镇的明天会更美好！

（王德寿，1975年10月—1979年9月任横村袜厂、横村针织总厂、横村针织内衣厂党支部书记兼厂长）

# 横村第一条梭织围巾在这里诞生

◎口述：徐云松
　整理：黄新亮

　　我始终认为，桐庐纺织服装厂是横村镇围巾产业的发源地，是小商品针织产业链的孵化器。1986年，横村镇第一条梭织围巾就是在桐庐纺织服装厂诞生的，由此拉开了横村镇生产围巾的大幕。

　　桐庐纺织服装厂成立于1981年上半年，当时主要生产中低档纺织服装。企业全盛时拥有10台木头织布机和20台缝纫机，年产值最高达到50万元。各类服装产品主要依靠浙江纺织服装公司、浙江省二轻公司等单位经销。

　　1986年5月，企业因市场、效益不佳等多种因素，并经前期大量的市场调研工作，决定转产，停止纺织服装生产，上马梭织围巾生产线，正式启动围巾生产。

　　可是，工艺技术人员连续打了三四次围巾样品，都没有过关，主要问题出在织造和拉毛环节。为解决这个难题，我求助于时任上海某毛巾厂厂长的一位战友，成功"偷师学艺"，解决了织造问题。但是我们对原来的拉毛机器进行技改和"土法上马"依然解决不了拉毛问题。正当大家急得六神无主时，我得到消息，说海宁有一家专业拉毛厂。我们马不停蹄地赶赴海宁找到了那家拉毛厂，建立了合作关系。

我们的围巾样品终于通过质检关，外贸公司当即下达了40万条梭织围巾的订单业务，产值达到300万元。近百台机器24小时运作，300名职工"三班制"运转，后勤管理人员各司其职，终于按期完成订单任务。

企业要发展，质量是根本。我们确立了"以外贸时间求生存，以质量求效益"的方针。在硬件上，淘汰原来功效比较低的1515织布机，添置了剑杆织机；购置拉毛机，为产品配套，无须外加工。在软件上，以规章制度加以保障。为争取出货时效，细化生产和计划环节；成立质检科，从半成品、成品到包装和抽检，产品质量直接与职工切身利益挂钩。

推陈出新，是企业的灵魂。为解决技术难题，开发新产品，我们采取"走出去，请进来"的方法，一方面派技术人员外出培训，另一方面从

桐庐纺织服装厂

上海围巾厂聘请两位师傅增强企业的技术力量。

销售事关企业的生存和发展。对于销售人员的考核，我借鉴萧山万向集团的绩效考核制度，结合本厂实际情况，将业务提成与订单业务的利润挂钩。

企业管理是公司发展的保障。我们确立了"守信用，讲诚信，严纪律"的管理理念，向管理要信誉，向管理要效益。一年召开年中和年末两次全体职工大会，表彰先进，鞭策后进。职工们的生产积极性和创造性，得到了很好的发挥。党组织向表现特别优秀的职工敞开大门。同时，厂内健全全方位后勤保障服务，从业务洽谈、合作交流到接待领导视察、调研"一站式"解决。

为满足企业扩大再生产的需要，我们曾借用针织一厂的闲置车间，还临时借用过横村电影院。纺织服装厂经过8年的快速发展，取得了良好的外贸经济效益。1989年在省纺织公司出资近80万元的大力支持下，我们新建了厂房，占地面积3600平方米。

良好的品质、优质的服务，就像黏合剂，让我们和业务单位一直保持着良性运转。1996年夏，横村镇遭遇了一场洪灾，我们纺织服装厂40吨纱线和配套纸箱全部浸水，生产一度中断，而此时距离发货日期不足一个月，我们急得像热锅上的蚂蚁团团转。就在这个节骨眼上，我们的业务单位——上海工艺品进出口公司，向我们伸出了援助之手。该公司不仅为我们协调解决了诸如原材料、包装物等生产要素问题，使得业务最终提前三天保质保量交货，而且事后还补助我们80万元，以弥补因洪灾遭受的经济损失。

20世纪90年代初期，桐庐纺织服装厂已经上规模上等级发展。企业发展鼎盛时期有职工800多名、销售人员20余名，各类机器设备300余台，2辆轿车、5辆货车，外贸出口额超过2000万元，上缴税收名列横村镇针织行业前茅。销售业务单位有浙江针织品公司、浙江工艺品公司、上海针织品公司、上海工艺品公司、宁波针织品公司；产品出口美国、意大利、日本、澳大利亚等10多个国家，曾经荣获"浙江省围巾系列产品奖"。企业的发展也得到了省、市、县党委政府的高度重视和重点关注，时任省长葛洪升和时任市长王永明等曾先后莅临企业视察。我个人也获得了浙江省"办厂能人"和"杭州市劳动模范"荣誉称号。

1990年下半年，我被选为横村镇副镇长，兼任纺织服装厂书记、厂长。1992年撤乡并镇，我当选横村镇镇长，继续全面负责企业党务和厂务工作。1996年办理好厂内交接手续后，我回到县政府部门工作。

（徐云松，1981—1996年桐庐纺织服装厂厂长）

# 针之秀

◎口述：张菊秀
　整理：刘月萍

　　一个人最大的幸福，就是从事一项自己喜欢的事业，而针织就是我今生最热爱的事业。我从18岁进入针织行业，一晃已经40多年了。是它，让我从爱美到变美到因美而自信。回想当时，我做梦都不会想到，一个农家女子居然能创办属于自己的企业，创建自己的"针之秀"品牌，并且品牌羊绒成衣还能出口到美国、英国、法国、意大利等20多个国家。

　　1979年，我高中刚毕业就进入了横村针织厂。刚进针织厂时，我是从摇横机做起的。那个时候，我非常努力。在厂里，别人在休息我在干活；回到家，别人去逛街我还在琢磨怎么又快又好地完成任务。我的辛苦付出得到了回报，6个月后，我升任横机车间主任。后来又换到套口车间，补洞、包装等多个环节全部亲身经历。我拼着一股子劲，务必让自己技术过硬。1988年，我27岁，当上了工贸合营桐庐针织总厂分管生产的副厂长。

　　5年后，我决定出来单干。12台手摇机是我的全部家当。但凭借多年的勤奋努力和踏实诚恳的工作，我不仅掌握了几乎全过程的生产技术，而且积累了一定数量的忠实客户，这些赋予我足够的底气。我招了80多名职工，租了一个养猪场，打扫干净后，就开始了自己美丽的针织事业。

那时候出口羊绒需要配额，我们厂没有外贸自主权，只能为浙江省畜产品进出口公司代加工。为了取得配额批文，经常要跑杭州。那年我正怀着孩子，挺着8个月的大肚子去杭州出差，路上来回就要一整天，到家时一双脚都肿得穿不上鞋子。遇到赶货的日子，我常常一人身兼数职，曾忙了五天五夜都没有好好休息过。那时厂房紧张，包装往往要借助门口空地，即使冬天北风凛冽，也只能坐在门口包装。塑料袋积了一层层白霜，在手里变得坚硬而锋利，但手指割破了冻僵了还得咬牙继续干。还遇到过发大水，一夜之间，洪水浸没了整个车间，一大批已经装好的成衣全都泡汤了。更有一次遇到一个骗子，发到桐乡去的价值20多万元的货物有去无回，真是欲哭无泪。

创业路上的困难和挫折，一个接着一个，但压不倒我张菊秀。我虽是一个女子，骨子里却不甘示弱，我想男人能办到的事情，我们女人也一样能办成。而且女人还有更多的优点，比如心细、会算账、不会乱花钱，我们挣了钱就想着把钱投入改进生产、改善职工福利、提高工资待遇上去。因此，不少被困难吓倒心里打退堂鼓的职工听我一分析，都坚定了跟我干的信心。

对产品质量的从严把控，让我赢得了客户的信任。第一笔3万件的羊绒衫订单，让我和员工都吃下了"定心丸"。后来凭着过硬的技术和敢闯敢试的拼劲，我带领企业逐步壮大，成为诸多国际大牌钟爱的合作伙伴，外贸出口做得风生水起。1996年我把原来工作过的已经倒闭的工贸合营桐庐针织总厂买了下来，职工最多时达到1060人。

企业的发展，不仅帮助解决了当地村民的就业问题，还吸引了贵州、江西、四川等地的外来务工者。为了让远离家乡的工人安心工作，提高他们的工作积极性，我还特意建造了一幢职工宿舍，免费提供给外地职工住宿。

平时我是一个节约的女人，但在设备创新上面却很舍得花钱。我们厂是桐庐首家引进电脑机器代替人工生产的针织厂。2001年我去杭州参加西

公司生产车间

博会。展销会上，一款由德国STOLL（斯托尔）生产的全自动电脑横机牢牢地吸引了我的目光。那美丽的图案、新颖的款式，让我大开眼界并一见钟情。我感觉这将会是针织行业一个新的突破和起点，谁抓住了机会谁就会引领行业、独领风骚。我打听了一下，每台机器需要70万元人民币。当时在桐庐县城最繁华的地段，一套100多平方米的商品房也只需十几万元，可我还是咬咬牙一下子订了10台，虽然左拼右凑钱还是不够，但最终凭贷款买了下来。在当时，这就是一个冒险行为，董事会成员纷纷反对。为了打消大家的顾虑，我很干脆地说："亏了算我张菊秀一人的，挣了是大家的。"2002年，机器到位投入生产。事实证明，我当初的决策非常正确。科技的优势让我们厂生产的羊绒针织产品一下子脱颖而出，各种订单像雪片一样飞来。我在无形中成了横村针织企业"机器换人"的领头人。

从最多时需要1000多名工人到现在的160台机器加上50多人，这就是"机器换人"最明显的成果。同时，技术改革也提升了生产效率和产品质量，提高了企业的核心竞争力。之前我们总是为别人代加工、当绿叶，没有自己的品牌。现在有了科技的力量，我们可以挺起腰板创立自己的品牌了。2002年我注册了自己的商标"针之秀"，这个商标后来成为浙江省、杭州市著名商标，产品还被评为浙江省、杭州市名牌。2009年建立了品牌体验馆、工厂店，近年来申请产品外观专利152个。我坚信没有倒闭的行业，只有倒闭的企业。只要提升企业内部管理，创新自己的产品，针织之路还是颇有前景的。

有人说"针之秀"这个名字取得真好，它涵盖了我的事业也嵌入了我的名字。我想自己是幸运的，碰上了改革开放的大好时代，让我一个农家女子在风起云涌的商业大潮中成为一朵小浪花。甚至能够在党的百年诞辰之际，作为桐庐女企业家协会会长，组织带领桐庐的50名女企业家到人民大会堂参观，并到中国人民大学学习。我还相信：一枝独秀不是春，满园春色竞芳菲。

（张菊秀，桐庐羊绒针织有限责任公司董事长）

# 我的纺织印染梦

◎口述：胡安富
整理：刘月萍

## 身逢其时

　　1984年我高中刚毕业，恰逢杭桐联营毛纺厂筹建，我幸运地成了毛纺厂第一批员工中的一员。当时大家的文化水平普遍不高，我这个高中毕业生算是高学历了，很自然地成了筹建组的重要成员。也正因为这段特殊经历，我有机会目睹了筹建组领导和成员们的辛苦付出和无私奉献。

　　当时横村的桐庐第一针织厂是一家外向型企业（属乡镇企业）。因为针织行业在纺织行业中处于末端，原材料的供应要依靠省纺织工业厅、省轻工业厅、省经贸厅等计划分配，可当时乡镇企业不属于计划分配的范畴。但对于想迅速扩大规模的桐庐第一针织厂，这种计划经济的弊端无疑严重阻碍了企业的正常经营和发展。为了走出这种困境，当时的镇领导决定投资建设一家纺织印染厂，从源头上解决针织厂原材料的供应难题。

　　想法是有了，但建设的资金从哪来呢？当时的副镇长兼桐庐第一针织厂的厂长想方设法利用各种关系寻找机会，谋求发展。当得知省纺织品进出口有限公司开发科可以投资合作扶持地方针织企业建设的消息时，他便偕同邵汉文找到该公司开发科科长，把厂里的优势和潜力客观地展示出来。因担心对方不认可，又苦口婆心地劝对方来厂里实地考察。因为投资金额巨大，省公司相关人员也不敢拍板，又向横村镇政府提议投资方增加北京中国纺织品进出口总公司。说说容易，做起来难啊。在此之前，筹备组的5位成员连中国纺织品进出口总公司的大门往哪开都不知道。但接下来的日子里，几乎每个人的心思都牵挂着北京总公司的决定并为之殚精竭虑。当时我还只是个跑腿的，但为了一个批文，我一个月要在北京和桐庐之间往返8趟，领导们的工作难度便可见一斑。

## 花开月圆

靠着不懈的努力和执着的信念，我们终于等来了好消息，北京总公司与省公司决定一起投资300万元。这笔资金在现在可能并不算多，但在当时真的是一笔巨额投资了。

纺纱印染一切从零开始，首先是人员的培训。当时无锡毛纺织印染厂的技术在全国处于先进的地位，他们的产品色准、不花、不褪色、光泽度好，又柔软。我们想去学，可别人并不愿意教你，毕竟我们学好了，就成了他们潜在的竞争对手。镇领导又千方百计地找关系做工作，从市到省再到部里，一切困难在锲而不舍的人面前都会迎刃而解。1984年7月，我们厂派出一批业务骨干前往无锡市第一毛纺织染厂和无锡市第三毛纺织染厂学习，我又有幸作为领队首批参加印染培训。

设备的投入也非常重要。当时厂里一次性上了6000锭4条精毛纺生产线，买入了15台绞纱染色机，另外购置了脱水、烘干、打包等机器。就这样，通过纺织总公司与省公司购买毛条，先进行纺纱，然后根据客户的需求印染加工。机器昼夜不停地运转起来了。

管理与质量也紧紧同步跟上。为了保证产品的质量，进入厂车间的职工全部换鞋换制服，着统一的工作服上班。这在当时的企业中，也算是走在前列的。由于层层把关，产品的质量非常过硬，成为外贸公司的包销产品。定额外多出来的产品，也成了当地针纺织企业争抢的紧俏货。

企业的效益相当喜人。外贸出口带来了良好的效益，自主生产又缓解了本地原材料紧缺的问题，还拉长了针织的产业链。当年投产，第二年就盈利200多万元，1987年在全国乡镇企业500强中排名第76位。一时间，杭桐联营毛纺织厂风光无限，成为浙江省出口创汇先进企业，就连当时杭州万向节厂的老总鲁冠球都慕名前来参观取经。时任中宣部部长邓力群及省市县主要领导也来参观指导。

职工的收入待遇在当地也是令人羡慕的。职工工资每月按时发放，每月基本工资加绩效考核达到三四十元，年底还有100多元的年终奖。厂里免费为职工提供中餐和冷饮，还配备了厂车，办起了厂幼儿园。高收入和高福利让周围的乡亲羡慕不已，附近乡镇的农民纷纷托各种关系想进厂上班。从1987年到1992年间，厂里员工高峰时超过了1000人。

杭桐联营毛纺厂职工在餐厅就餐

## 不忘初心

12年光阴弹指一挥间，经过不懈努力，我逐渐从一名普通的员工成长为印染车间主任、总厂的供销科科长，又兼合资厂副总，再到总厂厂长……我在毛纺厂一直干到了1996年底。由于多种因素，陪伴我青春成长的杭桐联营毛纺织厂于1996年年底退出了历史舞台，但我对纺织印染的情结并没有终结。1997年年初我带领原厂的部分职工，成立了一家新的纺织印染厂，取名杭州市桐庐第一毛纺织染厂。我希望工厂变得强大，希望工厂能实现我的梦想，并带领大家走上共同富裕的道路。2000年我吸收了原厂发展壮大的经验，也吸取了相关的教训，积极引进外资，成立了杭州富强织染有限公司。公司引进先进的设备及管理，及时更新提升生产技术，印染的品种扩大到绢、丝、棉、涤等多方面，印染产品多样化；同时改变过去单纯依靠外贸的经营模式，转为内外销并举。产品供应外贸的同时，也瞄准当地市场，为桐庐针织企业的蓬勃发展提供丰富优质原材料。

（胡安富，杭州富强织染有限公司总经理）

# 杭州绫绣针织这30年

◎口述：丁国忠
整理：黄新亮

横村镇针织业走过了50多个春秋，杭州绫绣针织有限公司也有了30年的发展历史。我觉得很有必要做一回顾。

### 1992—1995年　三次搬迁强基础

杭州绫绣针织有限公司创办于1992年下半年，公司在县城柯家湾租用了200平方米的闲置厂房，购置20台手动针织机，招收了20余名职工，从事针织毛衫半成品绢丝织片。

时隔一年，由于我们织片的质量可靠、交货及时，加工业务增加，造成生产场地不足。绫绣针织搬至横村一处闲置厂房，建筑面积约有400平方米，职工增加了20名。企业除了加工半成品绢丝织片外，开始生产外贸羊毛衫成衣，发展有了一定的起色。

1994年为满足扩大生产规模需要，企业进行了第三次搬迁。生产场地置落于原徐家埠粮库，建筑面积达到1000平方米，拥有80台手摇针织机、100多名职工，拥有从原材料到成品"一条龙"配套生产线，以生产绢丝成衣为主，产品销售依赖杭州丝绸进出口公司。企业设立生产科、工艺科、技术科、质量科等职能科室，实行"定人定岗，职责分明"的规范化管理。企业初步建立各项管理制度，基本确立"制度管人"的管理理念和诚信经营意识。企业当年实现销售收入1000万元，为上规模上等级发展奠定了良好的基础。

### 1996—1999年　自营出口上规模

1996年，适值横村镇政府规划建设老横村富乐工业区块，准备招引企业入驻置业。杭州绫绣针织成为率先落户园区的企业。

这一年，企业在园区收购了闲置厂房，征地10亩，总建筑面积2万余平方米。后来陆续增加征地面积，累计40亩。我本着"高起点、高标准"的建设原则，经过10多个月的紧张施工建设，颇具现代化气息的厂房拔地而起，夯实了硬件设施基础。

搬迁至新厂房以后，按照集约化生产和标准化管理的要求，企业设立"五部一室"，即生产部、业务部、技术部、质检部、财务部和综合办公室的组织架构，实施ISO9000质量管理体系。从原材料、辅料进厂验收开始，到半成品、成品加工，10多道工序都有严格检验制度，确保每道工序的产品质量符合标准要求。

我们在技术改造方面，一是不断增加设备投入，满足扩大再生产需求，手摇针织机达到1000多台，累计投入300万元；二是采用"走出去"方法，提升工艺技术人员的技术水平。

从1996年起，销售收入连年翻番，企业实现利润和上缴税收迅速增长。企业1996年度被桐庐县政府授予"纳税大户"称号，我被评为"杭州市青年优秀企业家"。

1997年公司获得了外贸（自营）出口权，企业发展步入了快车道。

### 2000—2014年　持续向好铸辉煌

为破解"用工荒"，我从前一发展阶段开始，就将招工的着眼点放在中西部省份，招来的职工主要来自江西、四川、贵州等地。本着职工"招得进、稳得住"的原则，企业补助给职工一定额度的房租费。2000年建成3幢职工宿舍，建筑面积达到1万多平方米。未安排到集体宿舍的职工，继续享受公司房租补贴，切实解决职工们的后顾之忧。

2000年，公司还斥资400余万元购置半自动针织机1000多台。半自动针织机投入正常运转后，企业提高了功效，减轻了职工们的劳动强度。此后，陆续增加职工近千名，满足生产线工位需求。手动和半自动针织机同步生产，统一质量标准和要求。

这年，外贸销售收入突破1亿元大关，企业率先成为针织行业首家销售亿元级企业。2000—2005年，绫绣针织发展创造辉煌。职工总人数最多时达到2600多名，外贸销售收入一举达到2亿元，上缴税收2000多万元。2001年公司荣获杭州市人民政府"出口创汇金龙奖"、县工业重点企业称号等。

2008年，县政府出台了针织产业发展扶持奖励政策，鼓励大胆创新，不断引进新工艺、新技术和新设备。绫绣针织进口无须线电脑针织机100余台，耗资

2001年杭州喜得宝模特队身着横村产针织服装在绫绣厂表演
（王彤 摄）

1000多万元。运用全自动针织机，功效可提高20倍以上，企业用工需求的矛盾基本解决。

一直以来，我们牢固确立"以质取信"经营理念和"诚实守信，继往开来"的企业精神，逐步建立起现代企业管理制度，从常态化管理向精细化管理转变；开展企业文化建设，建立晨会和例会制度，每年召开公司年会，营造浓厚的企业文化氛围，员工们的归属感、获得感和幸福感越来越强。

2006—2014年，企业发展持续向好，每年销售收入都保持在1亿元以上。

**2017年至今　社会责任有担当**

绫绣针织自创办以来，为学校及横村镇篮球和乒乓球等体育比赛活动赞助，为镇村修桥铺路出资，参与桐庐县"春风行动"，慰问敬老院老人，企业用于公益慈善捐款累计100余万元。

2017年以来，出于多方面因素考虑，企业开始转型，缩减发展规模，由大规模集约化的生产经营向承担更多社会责任的转变。

从情感上来讲，我摸爬滚打30年，有的职工一直跟随我，工作时间短者也在10年以上。他们真正与企业同呼吸共患难，不离不弃，我们之间建立了比较深厚的友谊。我想：继续为他们提供平台，解决他们的劳动就业问题，这是承担一种社会责任，也是企业应尽的责任和义务。公司目前有员工100余名，每年外贸销售收入保持在3000万元左右。

（丁国忠，杭州绫绣针织有限公司董事长）

# 科技赋能　转型发力

◎口述：田良军
　整理：黄新亮

　　金利针织公司成立于1995年初，起初是一家针织厂，租赁了原方埠供销合作社闲置房产，主要生产针织帽子、手套和围巾，兼营内外贸业务。2000年下半年，我们经过反复思考决定：上马经编机加工与制作围巾。这在横村针织行业内属于第一家。值得庆幸的是，公司进入针织行业后掘到了"第一桶金"，初步尝到了重视科技带来的甜头。

　　随着生产规模的逐步扩大，公司步入了良性循环的发展轨道，也有了一定的原始资本积累。此时租赁的生产场地已经不能满足生产需求，需要建造新厂房。2002年公司征地17亩建造新厂房，总计投入2000余万元。

　　3年后，企业生产规模迅速扩张，生产场地紧缺的矛盾再次突出，严重制约了企业的可持续发展。2005年在公司毗邻原厂房东面和东南面再次动工，建造钎织厂房、办公人楼和印染厂。

　　企业发展仅有硬件是不够的，怎样才能在同行中脱颖而出呢？我们经过调研分析，提出以"服务"为核心的经营理念，打破"企业—外贸公司—海外企业"的对接模式，选择直接与客户进行沟通、实现无缝对接模式。为此，我们把营销作为一个重要突破口，选派业务员去美国，中国香港、广州等地参加展会，获取针织市场第一手信息资料，积极开拓外贸市场。

2006年初，我们又成立桐庐丰泽进出口有限公司，向社会招收20名大学生，打造专业营销团队，主营针织帽子、围巾、手套出口，服务于自营出口的每一个环节，主要包括业务、船务和财务这三大块，各司其职，通力配合，实行外贸出口全过程一体化运作、全闭环经营与管理模式。

从改变营销模式开始，公司跨出了转型发展的第一步。

2007年县政府出台针织产业发展扶持奖励政策，引导企业大胆创新，不断引进新工艺、新技术和新设备，提高产品档次。企业当年投入3000多万元购买了90台德国STOLL针织机器，一次成型，无须后道修整。机器投入生产线后，企业得到了政府技改补贴和外贸出口退税补贴累计500余万元。我们相信，企业布局技术改造的大投入值得。

先进的工艺，加上配套的印染，产生的叠加效应吸引了众多客户，企业外贸业务订单越来越多，外贸出口销售额迅速增长，企业竞争力不断增强。2009年公司正式实施"工贸一体"经营模式，外贸销售突破1亿元大关。2011年，公司又投入2000多万元，从德国进口了70余台先进的针织机器，以确保所生产的产品符合质量要求。

然而，2013年因客户战略调整，针织小商品向东南亚地区转移发展，金利公司面临严峻的考验。驻守国内必将失去外贸订单，去国外发展又要面对太多的不确定。经过慎重考虑，2014年我们毅然决定走出国门，设立了缅甸金利，其规模远超国内。同时在海外寻找其他商业契机，成立大华化纤和台克公司，弥补缅甸针织行业因战乱、疫情和海外工会的动乱等造成的亏损。

海外市场的拓展，明确了金利不同档次产品的生产区间，对金利整体发展是非常有帮助的，也为国内产品向高端化发展做了铺垫。2016年公司业务量出现下滑趋势，我们及时分析和查找原因，实施了差异化战略，

中国针织名镇——横村镇

用"两条腿"走路，把原来一条生产线拆分为两条生产线，一条生产普通产品，一条生产高精尖产品。产品更好地满足了不同国度不同层次客户的多样化需求，甚至是客户的个性化需求。到了2018年，3年发展周期效应显现，外贸出口额达到1.6亿元，创有史以来的新高。

金利公司推动社会责任管理体系和质量体系工作齐头并进。在社会责任管理体系方面，我们坚持可持续性发展，努力打造绿色生态企业。从2017年开始分别制定节能、节电、节水和碳排放等3—5年行动计划。2021年，在厂房顶部安装了太阳能光伏发电设备，一年大约能发电5万度。

在质量体系方面，2019年金利针织公司就开始成为客户第一批自我管控的公司，金利产品为免检产品。同时，我们正在采用数字化IE和信息化IT的精细化管理，对产品数量、不合格疵点、生产计划进度及完成情况从手工记录改用电子化管理，便于实时查询生产情况。也正因为金利公司产品质量有保证，在近几年外贸形势如此萧条的情况下，公司继续保持强有力的竞争优势。

公司如今每年保持外贸订单产值1亿元左右，产品遍及全球5000多个门店，是H&M的金牌供应商。

回顾20余年创业历程，金利针织公司从小打小闹作坊式企业，发展到针织行业规模企业，走出了一条"科技赋能，转型发力"的创新发展之路。

（田良军，桐庐金利针织有限公司董事长）

# 祖孙三代针织梦

◎口述：周　凯
　整理：刘月萍

　　说到针织行业，我家祖孙三代都对它是情有独钟。从无到有，从旧到新，一代一代，薪火相传，这既是一种执着，更是一种信念。我想，横村针织业正是凭着这星星之火，才有了辉煌的燎原。

　　**针织传承**　我爷爷那辈办的是丝织厂，叫桐庐第二丝织厂，是于1979年成立的。若不是1997年亚洲金融危机爆发，我的父亲和叔叔可能会在丝织厂里一直帮忙。但是灾难如洪水一般袭来，爷爷厂里的货物都是内销订单，好多应收款收不回来，爷爷的纺织梦搁浅了。

　　2002年，我的父母一起创办了新的针纺加工点，主要生产梭织围巾。公司起初只是一个简单的家庭作坊，只有五六个工人，产品主要供货给义乌小商品市场。2006年，成立了桐庐凯瑞针纺有限公司。2007年公司开始做外贸订单，当时的厂房还设在胜峰村的山顶上。虽然艰苦，但因为当时义乌小商品市场80%的围巾订单都放在横村做，大家都觉得很有盼头。积累了一定的资金后，2011年父亲把公司搬到横村富乐村。公司占地面积有12亩，职工最多时达到200多人，产品主要出口到美国、日本，以及欧洲的多个国家，产品种类从针织围巾扩大到帽子、手套及配饰类，从大众货生产发展到为许多国际知名的时尚快销品做贴牌代加工。公司年平均产值达到5千万元。

作为独子，父母当然希望我能子承父业。但目前的国际形势让外贸出口行业并不乐观，许多横村的针织企业在走下坡路。一方面是国内人工成本的不断增加，许多国际外贸订单转到东南亚人工成本低的越南、印度等国；另一方面受新冠疫情影响，许多外贸出口企业举步维艰。再加上老一辈针织人打拼了几十年，已经积累了一定的财富。"针织二代"家境优越，择业的范围很广，愿意接手的人寥若晨星。说心里话，让我大学毕业回家接手家族企业，我也有一定的想法。

**学习创新**　随着电商的推广，横村针织传统的生产营销模式受到很大的冲击。2018年我大学毕业，刚开始想在父亲的公司尝试做亚马逊跨境电商，但后来我发现，公司当时的情况并不适合走电商的模式。正在迷茫

横村针织企业正在直播带货

的时候，恰逢经信局领导上门开展企业数字化转型的调研工作，给我们分析了当前外贸行业激烈竞争的形势，又传达了目前政府相关的扶持政策。我在大学里学的专业是交互软件设计，所以交流起来特别顺畅，感觉简直是为自己量身定做的。我立马报名参加了由经信局主办的为期半个月的培训班，才发现不少传统企业都已经在用数字化软件。真是时不我待，2019年我在桐庐科技孵化园创办了杭州织慧科技有限公司，开始尝试做企业信息化和数字化软件。我刚开始没经验，来回折腾了好多回，经过不断的学习、反复的测试，终于在2020年公司成功通过了杭州工厂物联网项目的评审，并入选杭州市第二批数字工程服务机构。

目前我的公司员工全是大学软件专业的毕业生。公司以纺织工业业务为起点，运用工业互联网、云计算、小程序、大数据分析等技术为企业数字化、智能化管理提供一站式解决方案。

公司开发了织为云——协同制造云平台。它涵盖了订单、打样、产品、工艺设计、报价、物料计划、物料采购、物料出入库、生产计划、产品收发、成品加工检验、供应商、人员、仓储、财务等多项管理模块，可以帮助企业实现全面管理，还可实现远程办公和异地办公，随时随地了解企业最新的生产信息。

**数字革命**　说到数字化，很多企业员工最初对它是感到陌生并排斥的。认为自己干了这么多年不需要被条条框框的标准来束缚，况且前期的标准采集非常琐碎。但是经过1——2年的培训，大家的观念完全转变了。毕竟绝大多数的业务可以通过线上办公，大部分的业务可以通过系统进行对接，大大地提高了工作效率和业务水平，节约了生产成本。以前一个熟练的员工在传统模式下一个人报价、评价，一天最多能接30单，但现在能达到60单。现在通过系统做围巾工艺设计，客人想要什么款式电脑马上就能呈现样品，想要什么颜色也能立马呈现在客户眼前，这样也减少了工厂的打样次数。疫情期间，它的优势更加明显。居家办公、异地办公，足不出户就能与千里之外的客户沟通和洽谈。

**学以致用** 我把公司开发的软件运用到父亲的公司。第一步，实现企业内部信息化，即在内部管理上统一标准，这个可以通过系统去控制。第二步，实现企业数字化。企业有了基础数字，就可以接一些智能设备到工厂。比如开片机和流水吊挂系统，这些全是机器操作，提高工效又节约了空间。第三步，实现企业智能化。通过采集数字、智能分析，为企业提供决策参考。目前，我已经在父亲的公司实现了第一步。我这个针织行业的新兵愿意继承父辈的事业，紧跟时代步伐，希望能为横村针织事业的发展闯出一片新天地。

（周凯，杭州织慧科技有限公司总经理）

# 亲历新横村镇成立及工业功能区融合发展

◎口述：游　宏
　整理：黄新亮

从1995年8月调入老横村镇到2003年4月调离新横村镇，可以说，我亲历了横村镇集体企业改制、个体企业发展壮大以及横村镇城镇跨越发展、产业融合发展的新阶段。

首先，有必要回顾一下当时县委做出原横村镇、方埠镇合并决策的相关背景。

1996年底，横村镇完成了集体企业改制，企业的生产经营关系进一步理顺，民营个体企业迎来了蓬勃发展的春天。当时的横村镇和方埠镇都有一定的工业基础，以针纺织为龙头，箱包、化工、耐火材料、轴承等产业初具规模。但随着市场的发展和开放、中国加入WTO步伐的临近，企业上规模、拓市场的愿望十分强烈。特别是以出口为主的横村针纺织业正面临规模、市场、技术、管理等方面快速扩张的机遇和挑战。而当时的现状是企业布局凌乱、管理粗放，园区功能不清晰、基础配套不完善，发展空间受限，党委政府和广大企业主都明显感受到因此带来的制约。记得当时有一个现象，就是企业在不断地换厂房、上设备，这既是市场蓬勃发展的需要，也是发展空间受限的无奈之举。而两镇分设，在基础设施投入上难免出现重复，土地也不能实现节约集约利用，财力保障上更加捉襟见肘。原横村镇和方埠镇地域相邻、隔江相望，人文相近、交往密切，产业结构相似、经济发展活跃。但老横村镇空间逼仄，地形受限较多；方埠区域地处小山丘和小平原之间，地域相对开阔，可供规划和发展的区域空间更大。两镇合并后，可以实现"优势互补，共建共享"，不仅能整合原有资源，减轻投入压力，而且产出效益会更大。因此，2001年9月，县委决定：撤销原横村镇、原方埠镇，成立新横村镇。

当时横村集镇建设在全省范围内的知名度更高，横村针织在业界有着相当的影响力和美誉度。因此，合并后仍沿用"横村镇"名。我认为，县委做出的这个重大决策，是站在历史与现实的战略高度，对于壮大县域特色块状经济、促进民营企业做大做强、实现两镇的"强强联合"具有十分重要的现实意义。两镇的党政班子和广大干部也是认识统一、步调一致，对新横村镇的发展信心满满，顺利实现了合并后的快速融合，以敢作敢为的担当和雷厉风行的作风投入到新横村镇发展的谋划和实践之中。

2001年12月，新横村镇第一次党代会召开。大会确立了"规划立镇、科技兴镇、工业强镇、商贸活镇、依法治镇"的发展方略和"三年翻一番、五年争第一"的宏伟蓝图。这体现了广大新横村干部群众的创业豪情，也是基于当时横村亟须解决的重大问题做出的现实选择。

首先是明确规划，委托杭州规划设计总院编制了《桐庐县横村镇总体规划》，对新横村集镇功能区、工业功能区进行了明确定位和功能划分，并明确了2002年就以政府东迁和园区建设作为开局，以此来带动集镇和园区的扩容和功能完善。按照"政府东迁、产业东移"的思路，在横村二桥东堍南面规划设计新政府办公大楼和市民中心广场；以针织产业为主导，培育高科技、运动器械和轴瓦等存量产业，吸纳适合横村发展需求的其他产业。除了对富乐、龙伏针织园区区块进一步拓展发展空间外，从方埠区块的庙下沿桐千线往北到徐家埠、双湖（包括李家、柴场里和原农科所所

横村工业功能区 （王彤 摄）

在区域）、方埠，西面沿江，东面至208省道止，规划征用土地面积3000多亩建设产业园区。这样就为横村镇工业平台资源共享、做强工业经济，以及城镇化和公共事业、服务配套建设奠定了坚实基础，也为工业强镇、商贸活镇提供了要素保障。

这里要特别说明的是，当时的征迁工作难度很大，政府财力也十分薄弱，所以在支付征地等费用的时候，只能先与有关行政村签订相关合同或协议，等到有企业落户后，再用土地出让金支付土地征用费。因此，我对横村镇的干部群众一直心怀感激，横村百姓是有格局、有情怀、能奉献的，从中体现了政府的公信力，看到了镇村干部的干事激情，也看到了新横村镇的希望和未来。

现在回过头去看当时的镇党代会报告，可以看出报告已经初步体现了工业化、城镇化、农业现代化"三轮驱动"的思想，并提出了深化"植入科技、植入知识"的创新理念，对主导产业、新兴产业和农旅结合也提出了明确的方向，并进行了务实的探索和实践。因此，接下来的几年，横村的经济社会发展进入了快速增长期。生产性投入年均增长超过50%，工业产值连年翻番，综合经济实力进入全省百强乡镇。横村针纺工业功能区进入省级乡镇工业专业区榜单，横村镇也获评省级"星火示范乡镇"称号。

宏图一旦绘就，最关键的还是人的因素。因此，镇党委政府特别重视两支队伍建设。一是企业家队伍。一方面发挥他们抢抓机遇、不畏艰辛的创业情怀，另一方面组织企业家到高校院所进行培训，开阔他们的眼界，提升他们的设计、创新和管理的理念和能力，以适应更加开放、更加激烈的市场竞争。二是镇村两级干部队伍。进一步解放干部思想，培养干部服务意识和能力，鼓励干部进行专业能力学习；定期开展村"两委"干部和村后备干部的轮训，开办党员和青年培训班，致力于培养一支思想解放、懂经济、肯负责、能干事、廉洁奉公、服务人民的村级干部队伍。

2003年3月，我调离横村镇赴桐庐县人民政府履新。虽对新横村镇的发展进行了擘画，也做了大量工作，但是任职时间满打满算才一年半左右，有很多计划没有全面实施和落地。所幸横村镇历届党委政府秉持"一张蓝图绘到底、一届接着一届干"的精神和踏实干事、敢于创新的作风，带领全镇人民在全面小康的路上取得了一个又一个值得骄傲的成绩。这是横村百姓之幸、桐庐人民之荣。

（游宏，1995年8月调入原横村镇工作，先后任镇党委副书记、镇长、镇党委书记。2001年9月原横村镇、方埠镇合并成立新横村镇，任新横村镇第一任党委书记、人大主席。）

# 富春江镇水电设备制造

　　从富春江水电站建设，到成立水电部十二工程局富春江水电设备制造厂、电力工业部富春江水工机械厂，随后有了富春江水电设备总厂、富春江水力发电厂等中央、省部属企业，这为日后富春江镇水电设备制造打下了基础。20世纪90年代，随着富春江水电设备总厂等国营企业改制，东芝水电、浙富水电等水电设备企业相继成立。

富春江镇

2000年，富春江镇党委、政府开始布局位于红旗畈、俞赵区块和芝厦区块的特色工业功能区。该功能区第一期规划面积34公顷（510亩），并于2001年8月被授予"浙江省机械工业专业区"称号，是全省首批47家专业区之一。2002年，扩大功能区规模，二期规划面积171公顷（2565亩）。

　　2008年，富春江镇已形成铸造（精炼炉）、大型钢板压型、结构件、金工、电气、组装等一系列较为完整的水电设备制造产品生产体系和相对集聚的紧密产业链。2019年，该镇被授予中国水力发电设备制造基地。

　　至2022年年底，富春江镇共有规上水电设备制造企业9家，相关配套企业50余家。

# 好大一棵"水电树"

◎口述：蔡雪庭
　整理：方赛群

　　我在富春江镇服务工业经济发展已有30余年，是桐庐水力发电设备制造块状经济成长、发展、壮大的见证者和亲历者。许多往事至今历历在目，尤其是关于当年富春江水电设备总厂与日本东芝集团合资的事，印象尤为深刻。

　　原富春江水电设备总厂成立于20世纪90年代。前身是富春江水工机械厂。经历了近20年的发展，富春江水电设备总厂成立时，该厂已具备了较大的规模和较强的实力。为了抓住国家改革开放的大好形势，打开新的发展大门，1995年初，富春江水电设备总厂拿厂里的电机车间与日本富士电机株式会社合作成立了一个新的公司——富春江富士电机有限公司。

　　第一个"跨国合作"的试水动作，获得不错的效果，随后合资工作便有了实质性的推进。2000年初，富春江水电设备总厂以主业出资的方式与富士电机株式会社扩大合资规模，成立了富春江富士水电设备有限公司，人们习惯性地称其为"双富公司"。这是一个寓意很好的名字，又好听，又好记。

　　2005年合资工作又推出"大动作"：富春江水电设备总厂与世界500强企业——日本东芝株式会社合资，成立东芝水电设备（杭州）有限公司。合资公司由日方控股80%，中方控股20%。2005年2月1日，东芝水电设备（杭州）有限公司正式开业！同一刻，原富春江水电设备总厂成为历史企业。

我当时担任富春江镇工业经济办公室主任，虽说这个合资项目与镇工办关联度不大，但这是出现在富春江镇的第一家中外合资大公司，因此我格外关注。而这一出中外合资的"大戏"，还意外地引出了另一个精彩的创业传奇，那就是浙富公司的异军突起。

说到浙富公司，我得先说说公司老总孙毅。

孙毅是原富春江水电设备总厂下属实业公司下属的一个小结构件厂的厂长。论资排辈，这个结构件厂是总厂的"孙辈"企业。

这是一个作坊式的小厂，总共只有几十个工人，可机遇出人意料地降临了：总厂合资前，先要对下属的一批二级企业实行转制，孙毅买下了这家小厂。在此过程中，总厂把原先已经承接下的业务订单转到了结构件厂。有人戏称此举是"爷爷改换门庭，把带不走的祖产交给孙子"，这话确实很形象。

孙毅是一员难得的干将。他敏锐地抓住了这次历史性的发展机遇，就在2005年"东芝水电"成立的同年，他成立了浙江富春江水电设备有限公司。他不显山不露水地打出了一套组合拳，业务做得红红火火。2006年企业年销售额便达到3800万元，上缴税收160万元，一步跨入规模企业行列！紧接着，浙富水电完成了5次高强度技改，引进大批管理、技术人才，建立了企业研发中心。自主研发的清洁环保节能型机组在业内产生了巨大反响，一举打响了浙富水电品牌。

2006年下半年，浙富公司开始对企业进行股份制改造。经过近两年的拼搏努力，2008年8月8日"浙富水电"在深交所敲钟上市！浙富水电随之更名为浙富股份。

从一个作坊式的小企业到上市企业，浙富仅用了3年时间。

在浙富公司实现"华丽转身"的过程中，我们富春江镇政府担当起了"接生婆"和"服务员"的角色。我和工办的同志帮助解决各种难题，与这个由小变大、由弱变强的民营企业一路相随。浙富上市后，生产规模不断扩大，一至四期的扩建项目都是在我们镇政府审批的。

"东芝水电"的落户、"浙富股份"的崛起，组成了中国最具竞争力的大中型水电设备制造基地。富春江水电设备块状经济吸引了国内外同行业的关注，更激发了创业者的信心，富春江畔这棵"水电大树"开始开枝散叶了！

杭州南方电工机械厂（前身是桐庐第一拉丝机厂）瞄准水电发展前景，于2002年前后成立了桐庐富春发电设备公司。

2005年下半年，中国水利建设集团租赁控股有限公司在富春江镇征地33亩，成立浙江中水发电设备有限公司。

2007年下半年，原桐庐环宇水电设备厂老板潘利群联合"中水"，成立杭州中水水力发电设备有限公司。

到2022年，在富春江镇，做水电整机的大企业有东芝、浙富、浙江中水、杭州中水。其中东芝、浙富属国家水电整机制造第二梯队，并且有望进入国家水电整机制造第一方阵。

富春江这棵"水电树"，不但主干粗壮，而且绿叶葱茏。随着国家水电事业的持续推进，富春江镇水电整机制造企业发展势头日益强劲，水电配件产业也"水涨船高"。

2006年，浙江新发电机股份有限公司落户富春江，专业生产水轮发电机磁极、磁轭片等发电机组核心配件产品。

2008年4月，浙江迅和机械制造有限公司在富春江镇红旗畈工业功能区成立，企业每年上缴税收超过300万元。

2009年4月，专门从事水轮机导叶、叶片精加工的浙江永誉机械制造有限公司落户富春江镇，公司每年销售额达到3000万——6000万元。

杭州江河水电设备有限公司也在桐庐设立生产基地，专门生产1万—6万千瓦之间的整机……

就这样，这方土地上逐渐形成了一片水力发电制造产业的"森林"。

水电块状经济发展，让富春江镇的老百姓享受到了实惠。就拿富春江镇

富春江镇红旗畈产业园

红旗畈产业园来说吧，这里原来只有一条羊肠小道，连开拖拉机都困难。边上的七里泷村大坞口自然村，看上去更是一片破破烂烂。如今园区内聚集了大大小小的企业20多家。园区内3条大路，分别是18米宽孝泉路、24米宽红旗南路、18米宽学士南路，交通四通八达，真是今非昔比了！当地百姓在家门口就业，闲置的房子出租，失地农民有养老保险，大坞口自然村更是家家造起了新房子。作为一名政府工作人员，还有什么比看到这些更让人感到高兴的呢！

（蔡雪庭，1986年起先后在原严陵乡政府和现富春江镇政府任职，长期在工业经济办公室、经济发展办公室工作。）

# 东芝水电的前世今生

◎口述：叶国明
整理：方赛群

我老家在上虞，爸爸是富春江水电站的第一代建设者。5岁时，我跟随父亲来到桐庐七里泷。此后，除了支边和当兵的10年，我再未离开美丽的富春江畔。

我目睹了这片土地上水电设备制造业的蓬勃兴起，也亲历了富春江水电设备总厂的"两次合资"历程。

富春江水电设备总厂有着非同寻常的"身世"。

该厂建厂是根据周恩来总理和李先念副主席的指示，经1970年6月18日全国电力工作会议同意筹备的，于同年12月22日正式成立，厂名为"水电部第十二工程局富春江水工设备制造厂"，开始设计制造水轮发电机组和电站备品配件。1972年首台自行制造安装的6.5万千瓦水轮发电机组，在富春江水电站投产发电。

富春江水工设备制造厂一炮打响，一鸣惊人！

1973年国家计委、水电部批准将富春江水工设备制造厂扩建为大型机械厂，专业生产水轮发电机组。1982年1月，电力工业部决定成立富春江水工机械厂，为县团级国有企业，与水电十二工程局分离，直属于电力工业部水电总局。1992年9月14日，水电总公司核定"富春江水工机械厂"为"富春江水电设备总厂"。

当时富春江水电设备总厂技术人员云集，可谓"兵强马壮"。主业有铸造车间、金工车间、铆焊车间、电气车间。辅业有汽车运输公司、劳动服务公司、旅游公司、建筑公司、物业公司等。总厂内部还办起了医院、学校、幼儿园、托儿所、电影院等。总厂职工人数最多时达到2500多人，加上庞大的职工家属群体，总厂在七里泷形成了一个热热闹闹的"小社会"。

富春江水电设备总厂像一艘"大船"，在改革开放的大潮中行进，企业的变革随之到来。慢慢的"中外合资"成为职工议论的一个焦点。有人感到新鲜好奇，有人感到忐忑不安，可不管人们怎么想，该来的变化还是来了。

从1995年到1999年，总厂撤销原电气车间建制，与日本富士电机株式会社合资兴办富春江富士电机有限公司，由日方控股，股资比为59：41。合资公司生产发电机，总厂生产水轮机及电站备品配件。

这是总厂与日方的一次"局部合资"，也是为实施企业改革开辟的一块"试验田"。日方管理人员进厂了，不但带来了先进的技术，而且带来了国外企业管理模式。双方经过几年的磨合，合资公司呈现出了稳定发展势头。

在"局部合资"的基础上，中日合资又向前迈出了第二步。2000年1月，富春江水电设备总厂以主业出资方式，与富士电机株式会社扩大合资，成立了富春江富士水电设备有限公司，人们习惯称其为"双富公司"。扩大合资后由中方控股，双方持股比例为66：34。换句话说，富春江水电设备总厂本次合资，已经拿出了自己最值钱的"家当"。

这个时期，富春江水电设备总厂既要管理新成立的"双富公司"，又要管理总厂属下的多种经营集体单位以及医院、学校等。在市场经济大潮中，总厂一方面要挣脱计划经济的体制羁绊，努力开拓市场，确保企业资产保值

富春江水工机械厂

增值；另一方面要努力与合资公司需求"合拍"，管理上面临新挑战。

2002年5月，富春江水电设备总厂的上级单位——中国水利水电建设集团总公司做出决定：总厂和"双富公司"实行两块牌子一套班子。

与此同时，在"分离企业办社会职能"精神指导下，富春江水电设备总厂按照国家八部委联合出台的政策，推进"主辅分离"，对下属的多种经营集体单位和医院、学校逐年加大了改革的力度，使总厂下属的企业通过转制，成为社会主义市场经济体制中"独立的经济实体"。总厂的这一改革项目于2004年完成，这也为2005年东芝水电设备（杭州）有限公司的成立创造了条件。

2005年1月，由中国水利水电建设集团公司以股权转让形式，将富春江水电设备总厂与日本东芝集团合资，成立"东芝水电设备（杭州）有限公司"。第二次合资由日方控股80%，中方控股20%。同年2月1日，东芝水电设备（杭州）有限公司正式投产。

在合资进程中，职工的命运改变了。原先的"央企职工"变为合资公司员工，大多数职工有点依依不舍，那些"内退"职工的内心更是五味杂陈。社会的变革带来了人生命运的改变，这也是不以人的意志为转移的。

东芝水电成立后，我在公司任党办主任、纪委委员。中日两国文化不同、理念不同，企业管理模式也不一样，导致党组织的机构设立、人员配置、活动方式和人员编制等问题难以解决，给企业党组织的正常运作带来了许多困难。公司党委根据合资企业的工作特点，扎实抓好"党群一体化"，积极推行党群组织的领导人员"双向进入、交叉任职"等方式，做到组织有落实、党建工作有人抓，优势互补，形成合力。经历了一个较长的"磨合"过程后，情况也有所改善，我们的党建工作照常进行。此后6年，共培养71名入党积极分子，发展新党员48名。这是一组令人欣慰的数字。

党组织战斗堡垒作用及党员先锋模范作用的发挥，也得到日方高管的认可，他们在工作中发现下属的生产、技术骨干中有许多是共产党员。在一次招聘新员工的面试会上，日方副总经理、生产总监有意识地问一位应聘者："你是不是党员？"当听到"是党员"的回答时，他跷起大拇指说："ok！你被录用了。"

〔叶国明，先后在原水电十二局富春江工程指挥部、富春江水工机械厂、富春江水电设备总厂职工医院、富春江水电设备总厂党委工作部任职，2013年在东芝水电设备（杭州）有限公司退休。〕

# 从央企到"东芝"那些年

◎口述：钱雁群
　整理：方赛群

1976年，我从水电部十二局水电技工学校毕业，毕业后顺理成章地被分配到水工机械厂。能成为国营企业职工，我内心有种深深的自豪感。进厂后，我当了15年普通工人，后来曾任铸造车间班长、工会宣传委员。

1995年初，富春江水电设备总厂拿出电气车间与日本株式会社合资，成立了富春江富士电机有限公司。我们厂里开始有了日本职员出入，虽然他们与我们一样是黄皮肤、黑眼睛，与人交往也是彬彬有礼，但我们从他们身上看到的是"变化"。当时合资还是新鲜事，尤其是在我们这样的国企单位，员工们内心受到的震动是可想而知的。

"局部合资"引发了员工们的集体关注。据了解，电气车间与日方实行合资后，发生了两个重要变化：一是职工收入比过去高一些，二是企业管理比过去严多了。对此人们的反应不一，说什么的都有。不过我没太在意，因为电气车间实行合资，与我们铸造车间关系不大，我们的工作一如既往。

可很快我们也置身到企业变革之中！

2000年初，总厂扩大合资规模，拿出主业与日方合资成立富春江富士水电设备有限公司，简称"双富公司"。这时期公司由中方控股，股资比为66∶34。我们都成为合资公司的员工。

最初的"磨合"是少不了的。我们虽然在原厂上班，干的是同样的工作，但感觉和过去不一样。原先国营企业的一些人事、管理等制度被打破了。作为铸造工厂工会主席的我，由于活动经费受限，常感到不知所措，但也只能慢慢适应。不过不得不承认，日方的管理有其先进之处。在合资企业，"请客送礼"是行不通的，一切用契约说话、用技术说话，以质量为"王"。

2002年5月，富春江水电设备总厂与"双富公司"实行两块牌子一套班子。接下来，为了推进全面合资，总厂对下属的汽车运输公司、新安江储运公司、职工医院、实验学校、劳动服务公司等十几个"二级企业"实行转制。

这一批从总厂"母体"上剥离的直属企业，此后发展境遇各有不同。浙富水电的前身，是总厂劳动服务公司下属的一个配件厂，该厂转制后发展之势如狂飚突进，后来成了大名鼎鼎的上市公司。可另一些直属企业转制后，却逐渐萎缩淡出市场：建筑公司后来解散了，旅游公司解体了，职工医院几易其主……我们职工去医院看病时心情都变了，感觉不再是"我们职工自己的医院"。转制企业负责人的命运也大相径庭：有的人转制后默默无闻，而浙富控股的孙毅转制后则成长为水电设备制造业的领军人物！

2005年2月1日，中国水利水电建设集团公司以股权转让形式，将主业富春江富士水电设备有限公司与日本东芝集团合资，成立东芝水电设备（杭州）有限公司。东芝水电由日方控股，企业买断职工工龄实行身份置换。

有人感慨："过去我们是'主人翁'，现在是'打工仔'喽！"话糙理不糙，合资企业管理模式不同，确实让职工经受了"理念碰撞"。有一年原富春江水电设备总厂新来的厂长，因故要开除一名职工，但在职工代表组长联席会议上表决时没有通过，最后这名职工留了下来。合资公司的情形就不一样了。记得公司制造技术部有位资历很深的负责人，由于违反了厂规厂纪，一下子从技术部长降到了普通工人；安监课的一位负责人被降到铸造部当普通电工……这样的例子还真不少。

企业变革过程中，企业和员工有时会发生"对撞"。如东芝水电投产后，我们铸造工厂员工的工资明显低于其他部门一截。这引起了职工强烈不满，甚至到了停工抗议的地步。后来经过中方与日方调解协商，铸造工厂的合理诉求获得满足，工人每月增资500元。

在东芝公司，我的工作岗位几经变换：由原先铸造工厂工会主席兼党支部副书记调任铸造工厂安全主管。我始终认为，企业性质变了，但我们是中国工人！依然在自己的厂里上班，为人本质不能变，认真工作的态度更不能变！

3年后的2008年，我又重新担任铸造部工会主席兼党支部副书记。在合资公司做党组织工作，确实面临许多新挑战，但我们迎难而上，不计

东芝水电设备（杭州）有限公司大型总装工厂

较个人得失，抱着对党的工作的一片热情，把党组织各项工作认真落在实处。不断壮大党员队伍，在生产中发现工作表现好、人品好、思想觉悟高的职工，我们主动找他谈话，让他加深对党的认识，鼓励他写入党申请书，把他作为入党积极分子进行培训……我们党组织的凝聚力也越来越强，共产党员在东芝水电各个岗位上发挥的作用越来越突出。我在铸造工厂任工会主席和党支部副书记那些年，我们支部共发展了五六名新党员。

2014年，我退休了。由于文化不同、企业制度不同，退休的感觉也不太一样。像我这样在企业干了几十年的老职工，如果在国营企业的话，会开个欢送会、送个"光荣退休"牌子、请吃餐饭什么的，这些形式在合资公司是"不作兴"的。我办完退休手续，挥挥手就走了。

从富春江水电总厂到东芝水电合资公司的这一段工作经历，是我人生珍贵的记忆，也是我们一批老"水电人"的集体记忆。我们这批人，为中国水电设备制造业的发展埋头苦干过；改革开放后企业变革之路我们一起走过。任何时候，我们都是响当当的中国工人！

〔钱雁群，1976年进入富春江水工机械厂，一直从事水力发电设备制造工作，2014年从东芝水电设备（杭州）有限公司退休。〕

# 浙富：水电森林中的一匹"黑马"

◎口述：史国犹
整理：方赛群

我是一个老水电人，从富春江水工机械厂一步一个脚印地成长起来。2005年年初，中日合资公司东芝水电正式挂牌运营，我在金工工厂当厂长。合资企业收入不低，生活很安稳，可我的内心却常有失落的感觉。

2005年10月，我离开了东芝公司，加盟民营企业富春江水电公司。该厂的前身是原富春江水电设备总厂下属的实业公司的下属厂，是总厂合资时"剥离"出来的一家小公司。该厂位于电影院边上一片旧厂房内，员工只有几十个，专门生产不到1万千瓦的小机组。与"高大上"的东芝水电相比，这家厂是毫不起眼的，我之所以坚定地选择它，是因为这家厂有一个非常靠谱的领头人，他就是退伍军人孙毅。

孙毅原先是该厂的厂长。总厂实行下属企业转制时，孙毅筹资买下了这家厂，同时接收了总厂留下来的部分业务订单。他抓住这个重要的历史机遇，成立了浙江富春江水电设备有限公司。在"招兵买马"的过程中，他找到了我，一次次与我抵足长谈，诚恳邀请我与他一起干事业。

说实话，最初我是犹豫过的，毕竟合资厂的工作体面又安稳，而民营企业创业则要从头打拼，但我最后还是决定跟孙毅走。其一我是相信他的人品和能力，其二我看到了国家水电事业的发展机遇。

就这样，我来到民营企业，当起了孙毅的左右手。当上副总经理的我，实际上成了公司的"大管家"，厂里的大事小事都要管，一早忙到夜。有亲友嘀咕说我是"从米箩跳到糠箩"，但我心里很敞亮。

走"上坡路"总是很累的。当时我们公司面临最大的困难是：订单有了，但加工设备跟不上，技术人员紧缺，尤其是我们有数控机床，但缺少技术工人。这实在让人着急上火。古人常说"求贤若渴"，这滋味算是领略了。

公司开始四方奔走觅人才，我除了召集一批老部下，还奔走于全国各地，到江苏等地招技校生，到哈尔滨等地招专业对口的大学生。

浙富公司在招聘人才的同时，在富春江镇红旗畈一期征地50亩建新厂房。很快新厂房建起来了，大批先进设备进厂了。

值得一提的是，刚开始的时候我们没有资金引进新设备，采用的是向中水集团下属的租赁公司租赁新设备的方式投产。就这样，我们紧抓机遇，在生产中不断扩大企业规模。

2006年一期新厂房建成后，企业发展跃上新平台。我作为"参谋长"，马上向总经理孙毅建议上二期项目。理由很简单：我们的企业虽比过去大了，但在全国水电行业而言，这点规模只能算"小打小闹"。如今国内水电业发展势头迅猛，行业竞争将越来越激烈，企业要想有大发展，必须加紧筑牢做大"底盘"，否则一步慢步步慢。

公司领导层的意见很快得到了统一，大家马上着手筹划二期建设项目，又新征用土地50亩扩建新厂房，租赁国内最先进的新设备。我们用上了国内少见的18米数控立车，其承重量达到600吨，还用上了大型的T6926数控镗床，此外还有2台200吨级的桥式起重机等一批国内先进的机器设备。

有了这些"家当"，企业底气大增，再加上我们企业诚信度高，产品质量过硬，售后服务优，因此大客户带大客户，老客户带新客户，水涨船高，企业发展"更上一层楼"。二期建设项目完成投产后，当年就接到了15亿元的业务。这批合同项目预付款均为30%，这意味着我们手中有4.5亿元资金可流动，于是我们把原先租赁的机器设备，全部都买了下来。

一着棋胜，满盘皆活，发展形势一片火热。

此后许多国内大型的水电项目，我们都占了一定的份额。有一个数字非常振奋人心：2005年浙富公司刚刚起步时，年销售产值不到1亿元，2007年产值已经做到了6亿元！短短两年，形势发生了巨大变化，当时业内人士形容我们是水电"森林"中冲出来的"一匹黑马"。

一个民营企业能有这样的发展速度，确实是一件令人惊喜的事。可我们没有沾沾自喜，更不会停下脚步，公司依旧保持着"奋力攀登"的状态。

为了筹集更多的资金、获得更大的发展动能，公司高层经过商议形成一致意见，决定推动企业上市，到资本市场去闯一闯！

2007年下半年，公司启动了上市工作。

在争取上市的近一年时光里，我们公司高层几个人分工负责，各自压实肩上的担子。孙毅主抓企业上市工作，我的任务是"搞产值"，其他负责人也明确各自的责任，全厂职工更是同心协力。我们马不停蹄地分头奔走，迎战各种各样的困难和问题。大家心往一处想，劲往一处使，为的就

浙富水电

是"拼一把"！

有企业业绩做背书，公司上市工作进展得很顺利。2008年8月8日，浙富水电在深交所上市！当时在水电行业，以民营企业身份上市的，我们是国内第一家。浙富水电同时成为桐庐第一家上市公司！

企业成功上市后，我们发展的脚步迈得更大了。公司再征土地50亩，启动第三期建设工程，引进一大批国际高端的现代化先进设备，涉足水电行业新领域。

2016年，我在浙富股份副总、集团党委书记任上退休。此后依然留在厂里，一直干到2020年。我虽已头发花白，但看着浙富股份蓬勃发展之势，觉得自己依然浑身是劲。

（史国犹，1974年进入富春江水工机械厂工作，一直从事水力发电设备制造工作，2016年在浙富股份副总、集团党委书记任上退休）

# "中水科技"炼成记

◎口述：潘利群
　整理：方赛群

　　我是一个农家子弟，国家改革开放的大势为我们提供了改变命运的机遇。走出学校后，我先后在桐庐第一拉丝机制造厂、桐庐富春发电设备有限公司工作，从一线工人做起，在工作实践中不断地"打磨"自己，并走上了创业之路。

　　创业总是与"艰辛"连在一起的。我们最初从一两台机床开始干。从制造导叶、叶片等配套件产品开始，慢慢到生产导水机构装配，每一步都是摸索着前进。虽然厂子规模小，但我们从办厂那天开始，就确立了"质量求生存，信誉求发展"的宗旨以及"诚信立业，真诚对人"的行事风格。

　　我们埋头耕耘，企业一点一点发展起来，在水电设备制造业内渐渐有了一点小名气。办企业犹如养孩子，父母总希望孩子越来越有出息，我也一样，如何让企业摆脱"小打小闹"的现状、走上发展壮大的道路？这是我和我的团队经常思考的一个问题。

　　当时我们还是一个名不见经传的小企业，要想入大型水电设备制造企业的"法眼"挺不容易。但我坚信可以做到，因为我们有优势，那就是有质量"过硬"的产品。

说到这里，我想到一件难忘的往事。

那年我们公司与哈尔滨电机厂有限责任公司联系，希望与他们建立业务关系。看我们一片诚心，哈电相关负责人拿出一个毛坯样品说，如果我们能把这个做出来，他们就给我们下订单。这是一个机遇，也是一个难题：要把他们这个样品做出来，得有先进的机器设备。其他不说，购买数控机就需要一大笔投资，如果样品制作不成功，我们公司就将面临投资失败的风险。

压力虽然很大，但我们还是决定要上。我们筹集资金引进先进设备，又组成技术团队进行技术攻关，最终把毛坯样品制作出来了。我们把样品送到了哈电等待鉴定。这次对接的负责人并不了解之前的约定，他拿着我们的样品给另外一个客户看，边看边分析产品的精到之处。最后他还对那位客户说："你们看看，这是国外的产品，这才叫高质量……"等到那个客户走了，经我们解释，那位负责人才发现他刚才拿的不是国外的产品，

"中水"生产车间　（王彤　摄）

而是我们公司送去的样品。他愣了一下，然后笑着连声说"误会"。

说真的，这是一个多么美妙的误会！

我们的产品顺利通过鉴定，就这样企业成了哈尔滨电机厂配件商。得到了主机厂的高度信任和大力支持，我们企业发展就有了底气。接下来我们在业内的名声渐响，与国内一些电力设备制造大型企业都接上了"线"。

2007年，我们与浙江中水工程技术有限公司合作，成立杭州中水水力发电设备有限公司。企业做大了，但我们"质量求生存、信誉求发展"的宗旨没有变。

公司主要生产制造大中型水轮发电机组及核心部件叶片、导叶、转轮装配、导水机构装配等产品。为了制造出让客户满意的产品，我们在大力"招才引智"的同时，引进了大批先进设备。管理体系也在不断完善，通过了ISO9001：2000质量管理体系认证，形成了严密的生产制造和质量监控体系，具备了从材料入厂到成品出厂的全过程检测手段。

装备精良、技术力量雄厚、管理团队完善……就这样，我们成了许多国内知名水电制造厂家的重点供应商。多年来，我们为这些大型企业提供了百余台套大中型水轮机组及叶片、导叶等产品。我们的产品还获得法国、越南、俄罗斯、阿根廷等海外用户高度评价。2015年，我公司获评"国家高新技术企业"。

2015年，我们企业变更为杭州中水科技股份有限公司，同年登陆"新三板"。企业开始大步向现代企业迈进。

中水科技的市场版图迅速扩展。公司以"双赢"为目标，与海内外一大批客户建立起了资源共享、优势互补、分工合作、高效运行的战略合作联盟。我们为三峡工程、溪洛渡水电项目配套生产水轮发电机组叶片，还为单机容量世界第一、装机规模全球第二大的水电站——金沙江白鹤滩水电站提供产品。

随着国家"一带一路"发展战略和《可再生能源中长期发展规划》政

策利好的影响，公司所在行业将面临新的发展机遇。为了响应国家对传统制造业转型升级的号召，公司积极涉足工业物流自动化领域，首创的第一台"物流自动码垛机器人"已研发制造完成。在自主创新领域，我们迈出了有力的步伐。

（潘利群，杭州中水科技股份有限公司董事长）

# 那年，我们拿下"国字号"金名片

◎口述：李法强
整理：方赛群

说到富春江镇水电设备制造块状经济的崛起，不能不提到两个里程碑式的时间节点：一个是2005年2月1日，东芝水电设备（杭州）有限公司的成立；第二个是2008年8月8日，浙富水电在深交所鸣锣上市。

这两个时间节点，堪称富春江镇水电设备制造块状经济"核聚力"的引线。这两家企业有着鲜明的时代变革特征：东芝水电是由部属企业变身为中外合资企业，浙富控股则是由一家小型民营企业成长为上市公司。

在水电设备制造产业高歌猛进、快速成长的历程中，富春江镇党委、政府既当"参谋长"，又当"助产士"，全力推动企业发展。当时，镇里出台一系列激励政策，在企业用电、用地等各方面鼎力支持。政府工作人员更是不辞辛劳，跑审批、搞培训、做协调，帮助企业解决方方面面的困难和问题。

2003年富春江镇在红旗畈规划了1000亩土地建设工业功能区。在建设过程中，征地拆迁是件苦差事。那时镇干部真是想尽千方百计来做通老百姓的思想工作。当年浙富公司在争取上市的过程中，富春江镇党委、政府全程"护驾"。该公司在红旗畈实施一期工程建设的时候，碰到了一个大难题：工地上方有一条高压电线穿过，如果要建厂房，这条高压线必须得"挪窝"。这事牵扯面比较广，何况这还是一条属金华地区管辖的高压线。为了解决这个棘手的难题，我们镇干部先后几次跨地区协商，与金华市供电部门说明情况，反映企业诉求。最终获得理解和支持，这条高压线为浙富公司发展"让道"了。

2008年8月8日，浙富水电在深交所上市，这是桐庐第一家公司上市，也是国内水电设备制造业的第一家民营公司上市。消息传来，富春江镇的干部们高兴得像自己家里办喜事一样。

浙富控股、东芝水电两家大企业，组成了中国最具竞争力的大中型水电设备制造基地，浙富水电一举成为目前中国最大的民营大型水电机组制造商之一。两家公司如同大马车，强力拉动了富春江镇水电设备制造业上下游企业的发展。此后水电设备制造业集聚效应日益明显，做整机的和做导

富春江镇装备制造产业园二期工地

叶、叶片等配件的企业雨后春笋似的出现。至2009年前后，富春江镇本地和来自外地从事水电设备制造的企业有30余家，形成了一条完整的产业链。

至此，富春江镇发展优势凸显：这里虽然还没有像东电、哈电一样的水电设备制造大型企业，但形成了别具特色的产业集群，拥有一条十分完整的水电设备制造业的产业链。这在全国范围内可以说是独一无二的。

有了这点"家底"，富春江镇党委和政府又有了创建"中国水力发电设备制造基地"的新思路。我们还专门就此事与中国电器工业协会联系，并把协会负责人请来桐庐考察。

通过现场参观和听取汇报，中国电器工业协会负责人对富春江镇机械产业的发展给予极高的评价。谈到水电设备制造业"集群"现象，前来考察的领导用"眼前一亮""感觉精神振奋"来形容自己考察时的心情。他表示，水电设备制造的大企业全国各地都有，但像富春江镇这样形成"产业集群"的现象确实少见。中国电器工业协会负责人还就"基地"创建工作给予具体指导。

在各级领导的高度重视下，在富春江镇上下大力配合下，在水电设备制造企业的齐心努力下，2009年富春江镇被中国电器工业协会授予"中国水力发电设备制造基地"荣誉称号。这也是中国水电行业内唯一获此命名的国家级水电设备制造基地。就这样，我们赢得了一张含金量极高的"金名片"！

有了"国字号"的牌子后，桐庐水力发电设备制造基地在国内外的影响力更大了。富春江畔的这块土地吸引了国内水电设备制造大企业的目光，纷纷给这里的企业下订单。政府外出招商引资的底气也更足，吸引了更多的投资者加盟富春江镇机械制造业。水电设备制造基地名声更响了，它如同一棵枝繁叶茂的"梧桐树"，吸引了各地"凤凰"翩翩来栖。

富春江镇装备制造业优势实现跨越式发展。2011年，产品铸造部件木模的制作→铸造→热处理→金加工→装配等，已形成了较为完整的产品生产工序体系。当年有水轮机组及配套产品生产企业近70家，其中产值500万元以上的企业25家，有整机生产能力的企业5家，配件生产企业60余家，涌现出迅和机械、新发电机、永誉机械、杭州中水、天元机电、荣升机电等一批优势重点企业。当年，富春江镇水力发电设备制造基地被杭州市列为十大产业集群转型升级示范区之一。

2012年，富春江镇机械制造业大小企业增加到98家，生产的水轮机、拉丝机、汽车配件畅销国内外市场，这一年水电设备集群的产值，占全镇工业总量的60%。水电设备制造行业销售产值达35亿元，实现税收2.8亿元。

形势喜人，镇政府推动发展的力度更大了，当年投入1000万元用于园区基础设施建设，在庄头、俞赵2个区块加大基础设施建设投入，并拉开了沙湾畈区块的道路框架……2012年，富春江镇获评"浙江省机械工业专业区"。

（李法强，2001年至2005年4月，任富春江镇党委副书记、纪委书记；2006年12月至2012年12月，任富春江镇党委副书记、镇长）

# 人才的力量

◎口述：钱潮力
整理：方赛群

## 建电站引发"人才大集聚"

机械制造业是富春江镇的"金名片"，也是"牵引机"，它拉动了全镇工业经济发展，更带动了整体综合实力的持续提升。如果穿过岁月风云沉静回望一下，你会发现之所以有富春江镇的辉煌，是因为在半个多世纪的发展历程中，始终有一种力量在支撑，那就是"人的集聚、人才的力量"。

富春江镇的发展轨迹与那道雄伟的富春江大坝紧密相连。1958年，国家在这里开工建设富春江水电站，引发了第一次"人及人才大聚集"。据当地人回忆说，当时的七里泷到处是讲普通话的人，坝址附近的村落几乎成了"大工地"。最多的时候，聚集在这里的电站建设者有40000多人。

国家大型工程的建设不仅有普通建筑工人，还有大批管理、工程技术、机械制造的精英人才来到这里"安营扎寨"，汇聚了一支水电建设的"精锐之师"！

雄伟的富春江大坝，成为富春江镇历史发展脉络的"分水岭"，更改变了无数人的命运。随着富春江电站建设，这里催生了富春江电厂、富春江水工机械总厂、十二局富春江管理处、富春江水电职工大学等省部属单位。原本默默无闻的七里泷，蝶变成为水电建设和机械制造人的集聚地。所以从某种意义上说，"建了一个电站，设立了一个镇"。富春江镇独特的基因是她发展水电设备和机械制造产业并成为全国基地的基础。

### 村镇企业的"人才底气"

20世纪80年代，乡镇企业迅猛发展。这一时期，富春江镇凭借人才集聚的独特优势，村镇企业呈现出蓬勃发展之势。

机械行业就是借助通用技术、通用设备、通用人才，制造出不同的产品。建电站引发的人才大集聚为富春江镇当地企业的兴起提供了独特的先机。

20世纪70年代，富春江电站机组检修场景

在乡镇企业兴起的过程中，原富春江水工机械总厂提供了巨大的支持和帮助。总厂利用自身实力和优势，不仅为当地村镇企业提供大量业务，而且为村镇企业培训技术人才，帮助解决各种各样的技术问题。1992年，镇办企业杭州桐庐富春钛金公司新成立不久，与北京自动化研究所合作生产钛金镀膜产品。当时厂里准备引进一套总价为20多万元的配套设备。在20世纪90年代，这笔资金可不是小数目，为保险起见，我们请富春江机械制造厂的总工同去外地验

货，请他帮助"把把关"。没想到那位总工对着那套机械设备左看看，右看看，最后却建议我们不要买了："买这套设备需要这么大一笔钱，还不如自己制造！我算了一下，自行制造的话，费用不会超过10万元。"这位总工说到做到，回桐庐后不久真的自行设计制造出了这套新设备，满打满算，所用资金仅8万多元。他不但为我们节约了一大笔资金，而且这台自行制造的新设备功能更先进！"知识就是财富"，这位总工为我们上了生动的一课。

正因为有了人才力量的支撑，富春江镇的村镇企业很快就站稳了市场、赢得了口碑、打响了品牌，为全镇经济发展积累了"第一桶金"。村办企业杭州拉丝机制造厂生产的各种型号的"春江牌"系列拉丝设备，产品供不应求，一时"风头"无二。连同时期起步的万向集团老总鲁冠球，当时都带着厂里的人前来考察学习。在这个"龙头"带动下，富春江镇先后出现了60余家拉丝机厂。

在村镇企业兴起的过程中，一大批祖祖辈辈种田的农家子弟，成长为技术人才和办厂能人。

### 人才"滚雪球"效应

从1995年到2005年，富春江水电设备总厂不断深化改制。在此过程中，许多技术人才脱离国企，在民营企业中找到"用武之地"，有的还当起了老板。富春江镇水电机械制造产业，也因此如雨后春笋般成长起来。

孙毅原先是富春江水电设备总厂下属企业的一家小厂负责人。企业转制后，他抓住机遇，凭借政策优势和人才优势创办"浙富水电"，从做配件到做整机，推动企业"三连跳"式的跨越式发展。2008年8月8日浙富水电在深交所敲钟上市。

江建华从乡镇企业的一线员工做起，一步步成长为桐庐拉丝机厂厂长。企业转制后，他创办杭州南方电工机械厂并任厂长。2002年，创办桐庐富春发电设备有限公司任总经理。企业除了在本地建生产基地外，还在青山工业园区先后征地70亩建厂房扩大规模。

潘利群是富春江镇芝厦村人，他在企业打工，不断积攒自身实力，一步步成长起来，成为桐庐富春发电设备有限公司分管生产的副总。走上创业之路后，他先后任桐庐环宇水电设备厂厂长、杭州中水水力发电设备有限公司执行董事兼经理、杭州中水能源设备有限公司执行董事。2015年11月起任股份制改造后的杭州中水科技股份有限公司董事长和桐庐环宇水电设备有限公司执行董事。

刘长陆当年是富士水电设备有限公司副总经理，自主创业后，创办了杭州江河水电科技股份有限公司，之后还在富春江镇征地33亩设立生产基地。

富春江镇的水电事业，成就了这些优秀人物。而他们在事业不断做强做大的过程中，又吸纳和培养了大批人才，形成了人才"滚雪球"效应。

以浙富控股、东芝水电等为代表的水电产业，带动高端装备制造业集聚发展，不仅推动了富春江镇机械制造业快速发展，还辐射到县城和周边县市。就这样，产业集聚带动人才集聚，而人才集聚又推动工业经济快速发展。

"人才是第一发展力"，这是富春江镇党委、政府始终秉承的发展理念。镇政府通过扶持人才、培养人才以及"招才引智"推动全镇的机械制造业科学可持续发展。与此同时，政府还为企业发展一路"保驾护航"搞好服务。

富春江镇先后规划建设了红旗畈工业功能区、俞赵工业园区、富春江镇装备制造产业园，沿320国道建设"十里经济长廊"。县里还以富春江镇为主，成立了桐庐县工业机械行业协会。紧跟时代步伐，如今富春江镇以浙富控股、龙生科技、祥龙物流、星冠科技等一批制造业企业为龙头，正朝着核电装备制造、清洁能源装备制造、快递物流装备制造和拉拔设备制造等先进制造业方向精准发力，不断占领"智高点"，发展呈现出大气势。据了解，2022年富春江镇总面积达610亩的产业园二期建设项目正在火热推进之中。不久的将来，这里将被打造成为集研发制造于一体的智能制造、智能装备、精密器械产业集聚区。

（钱潮力，1991—2003年在富春江镇政府工作，其中2001年12月—2003年4月任富春江镇党委副书记、镇长）

# "浙江永誉"匠心筑梦

◎口述：沈　杰
　　整理：方赛群

先说一件激动人心的事。2021年7月，金沙江白鹤滩水电站首批机组正式投产发电。这是单机容量世界第一、装机规模全球第二大的水电站。在观看现场直播时，我们特别高兴，特别自豪，因为在白鹤滩水电站项目中，有4台机组的核心部件转轮叶片是我们厂加工的。7月1日这天，我们公司还收到了哈尔滨电机厂有限责任公司写来的感谢信，感谢我们生产的叶片加工产品质量精良，为白鹤滩水电站机组的制造提供了强有力的支撑……你想，在中国共产党成立100周年之际收到的这封感谢信，给我们公司带来了多大的鼓舞！

多年来，我们公司已成功地为三峡水电站、溪洛渡水电站、向家坝水电站、沙湾水电站、柴家峡水电站、响水涧抽水蓄能等大型水电站建设项目提供过精加工水轮机叶片及导叶。能参与这么多的大中型水电项目，这是客户对我们的信任和肯定，作为一家民营企业，这真是莫大的荣耀！

说到浙江永誉的成长和发展，我得先介绍一下总经理孙松平。他是公司的创始人，也是公司的灵魂人物，更是年轻职工心目中的"大哥"。

孙松平之前从事小家电模具生产，2005年转型从事水轮机核心部件加工。当年10月，成立宁波永誉机械制造有限公司。

在孙总的带领下，2006年起，宁波永誉凭借精良的产品、过硬的质量，先后与东方电机、哈尔滨电机等国内大型电机厂建立了长期稳定的业务合作联系，企业发展速度不断加快。可"瓶颈期"也随之出现：受土地限制，企业扩大规模难度很大。正在这时，富春江镇水电设备制造业进入了孙总的视野。他在随后的考察中发现，富春江镇是水电装配的重镇，配套齐全，已形成完整的产业链。为推进发展，富春江镇党委、政府还面向企业，推出了一系列优惠政策。

这次考察，坚定了孙总来桐庐发展的信心和决心。他决定将企业搬迁到富春江镇发展。说干就干，他随后在富春江镇工业功能区征地27亩建厂房。富春江镇政府高度重视，大力扶持，镇工办的同志更是忙前忙后，为公司提供对接银行、跑审批等一系列服务……2009年，浙江永誉机械制造

浙江永誉

有限公司在富春江镇红旗畈工业功能区顺利地扎下了根。

精密的制造技术，科学的管理体系，为浙江永誉高质量发展打下了良好基础。同时，公司用心加工每一件产品，把每一次技术合作都当成一次"攻坚战"。

就拿白鹤滩水电站项目来说吧，该水电站位于长江的金沙江下游，是国家实施"西电东送"的重大工程，是当今世界在建规模最大、技术难度最高的水电工程。2018年5月，我们承接了该项目4台机组叶片的加工任务。我们挑选了企业最好的、最稳定的加工设备，并抽调技术骨干，为这个项目单独成立一个攻关小组，全力确保产品"制造零缺陷、工期零延误、服务零投诉、安全零事故"。那些日子，总经理孙松平与攻关小组的技术人员一道，盯紧生产的每一个环节，精神上不敢有一丝懈怠。2018年12月，我们成功完成了第一台机组叶片加工，产品质量得到高度肯定。紧接着我们继续奋战，企业如期保质保量地完成全部机组叶片加工任务！

高质量的产品，为企业铺平了高质量发展之路。早在2009年，公司就被国内水电设备制造业的"大哥大"——哈尔滨电机厂有限责任公司、东方电气集团东方电机股份有限公司授予"重点供方"和"合格供方"资格。来到桐庐这块"福地"，浙江永誉继续保持着良好的发展态势。如今公司厂区占地面积2万平方米，公司生产的水轮发电机组核心部件为多家国内外大中型水电设备厂（公司）专业配套。在国内，浙江永誉是哈尔滨电机厂有限责任公司、东方电机股份有限公司、沈阳铸造研究所有限公司、浙江富春江水电设备有限公司等几十家大中型企业的供货商。在国外，我们公司的客户遍及法国、加拿大、伊朗、印度、越南、巴西、阿根廷等国家，并且还在不断向其他国家扩展。我们的努力还得到了国家相关职能部门的肯定：2017年公司被授予"国家高新技术企业"，2019年浙江永誉水轮发电机组零部件市企业高新技术研发中心通过认定挂牌成立。

我们公司部门齐全，唯独没有设立营销部，但业务一直源源不断。

下订单的都是老客户，还有老客户带来的新客户，新客户又带来了新客户……这是广大厂家对我们企业的信任。

2022年我们企业的主要任务和精力是生产抽蓄电站的转轮加工。值得一提的是，在抽水蓄能发电设备制造行业，"分半转轮"是目前国际认可的新型转轮，目前我们国家一共只有2家企业在做这个项目，而浙江永誉就是其中一家。

（沈杰，22岁进入宁波永誉机械制造有限公司，2009年随企业搬迁到富春江镇，现任浙江永誉机械制造有限公司常务副总经理）

# 医疗器械

　　桐庐医疗器械生产发端于20世纪80年代的深澳乡，1987年生产出真正接触人体腔道的耳鼻喉器械，1995年诞生了腹腔硬管内窥镜系统。随后，大量与之配套的从人工通道进入人体的手术钳、剪、钩，有源、无源器械，钛夹相继涌现，一支庞大的销售队伍也应运而生。

　　经40余年发展，桐庐形成较为完整的微创手术器械产业体系。2014

桐庐县城

年，桐庐被中国医疗器械行业协会授予"中国医用内镜产业基地"称号，是全国微创器械主产地之一。2018年桐庐出台《中国微创外科器械小镇建设实施方案（2018—2020年）》，根据"一核多点，差异发展"思路，推动桐庐医疗器械产业进一步转型升级。至2023年4月，县内74家生产企业拥有一、二、三类备案注册证1395张，产品达1300种。

近年，随着4K图像系统、荧光内窥镜、超声刀、一次性电子镜、钬激光等高端产品的推出，一批高、精、专引进企业的崛起，桐庐医械有望迎来新的发展期。

# 9mm气管套管撬动桐庐医疗器械产业

◎口述：朱国云　潘仁余
　整理：李　雯

**朱国云**：我叔叔朱雪庆出生于1933年，10多岁时到萧山铁路局上班，40多岁提前退休，回到了家乡江南镇徐畈村。叔叔从小尝尽酸甜苦辣，但他头脑活络，愿意尝试新鲜事物。

1979年，叔叔创办了村里第一家村集体企业——徐畈羽毛厂，专门生产鸡毛掸子。由于羽毛短缺，这家企业没有存活多久便夭折了。叔叔并不气馁，不久又创办了医用吊床厂。近10年时间，叔叔的企业起起落落，一直不见大的起色。直到1987年，他偶遇浙江大学附属第二医院耳鼻喉科的密金祥教授。密教授拿出一个9mm气管套管样品，告诉他这是各大医院耳鼻喉科紧缺的产品，目前基本靠进口，在国内市场可谓是一片空白。问他能不能生产，如果能生产，市场很大。

叔叔嗅到其中商机，马上回村找到了懂五金技术的潘仁余，一起研究生产9mm气管套管。

**潘仁余**：1987年，徐畈村的朱雪庆找到我，说他开办了一家生产医用吊床的企业，听说我在技术上是一把好手，而他又善于营销产品，想让我跟他一起干。我被他说得心动，放弃了公社五金配件厂副厂长的职务，跳槽了。

那年春节，朱雪庆从密金祥教授那里获得了一条商机——国内9mm气管套管紧缺。

拿到样品后，朱雪庆就与我一起研究怎么开发这个产品。我们也知道，每一款医用产品都有国家规定的生产标准，那这个产品的标准是什么样呢？

带着问题，我们找到杭州标准局（今杭州市场监管局标准化处）查找产品标准。这一查才知道该类产品共有10多种规格，我们所拿到的产品执行的是1973年的标准，1975年后再未生产过，相当于是一款断档产品。

听到这一信息，我们既高兴，又发愁。高兴的是如果我们能生产出这款产品，肯定有销路；发愁的是，我们不知道生产从哪里下手。

生产产品总要有原料吧。查找时，我们了解到原样品是镀银的钢管制成，但所需要的银是国家管控的，必须经过审批才能购买。我们辗转又找

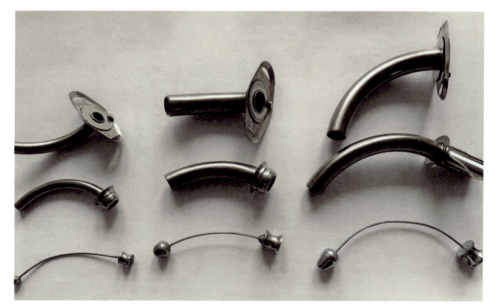

各类气管套管

到了上海有色金属研究所，技术人员建议我们用钛合金材料代替铜镀银，还为我们介绍了生产原材料的厂家。

接下来，开始绘图，加工模具。这是我的专长。圆规、量角器、直尺、铅笔、鸭嘴笔……我根据样品，开始一笔一笔描图。那个时候不像现在，有电脑制图，只需输入数据就可以生成一张图。所有的数据全靠人工，我前前后后花了将近一个月时间，才完成所有图纸。别看这个样品小，工艺却不简单，需要用到冲压模、成型模、弯管机、车工、夹具5套模具，每个模具的尺寸都要精确到微米。就这样，当第一个成品做出来时，我们都异常激动，以为好几个月的努力终于要有回报了。当朱雪庆兴冲冲地把成品送给密教授时，认真的密教授一下就指出了问题：气管套管的翻边有裂痕，如果应用在诊疗中，病人的喉咙会被割破。

钛合金翻边破裂，这是我们始料不及的事，经多次尝试，都没能解决这个问题。后来，我们请教专家，尝试用回火技术，就是用热处理技术以后再进行翻边，增加钛合金的韧性。

终于，我们获得了成功，填补了乡镇企业生产9mm气管套管的空白。

**朱国云**：产品试制成功后，通过审批，拿到了产品合格证，第一个下单的客户就是浙二医院。当时，叔叔在杭州萧山注册了一家企业。但生产医疗器械产品前景如何，市场有多大，叔叔心里并没有底，他只是隐隐约约觉得生产医疗器械肯定潜力无限。

叔叔一直在寻找机会。1988年，他得知秋季广交会将开展医疗器械展销时，就想把自家9mm气管套管利用广交会推向市场。

为此，他找到杭州市相关单位，想申请一个摊位。不料，科室负责人看到只是个普普通通的气管套管，当场就拒绝了："你这个东西就像个笔套管，怎么去参展？肯定没有市场的。"

但我叔叔就是有"不到黄河心不死"的个性，他反复地软磨硬泡，最后以锲而不舍的精神和诚恳的态度打动了这位负责人，答应给一个摊位。

当时广交会浙江厅里仅有4个摊位摆医疗器械，所谓一个摊位，其实只是一张一米宽的桌子而已。

市场是检验产品的试金石。几天下来，叔叔厂里生产的气管套管系列产品慢慢获得了客商的青睐，摊位前每天都有来谈业务的人，而旁边的一个摊位却门可罗雀，后来，那个厂家干脆把这个摊位让给了叔叔。短短3天的广交会，叔叔的产品就收获了30万元的订单。到1989年，企业年产值高达60多万元。

1990年，我叔叔从萧山回到了家乡，在深澳创办了桐庐深澳医疗器械厂。

（朱国云，朱雪庆的侄儿；潘仁余，9mm气管套管生产技术人员）

# 直待小松渐凌云

◎口述：徐天松
整理：金轶润

## 起 步

我叫徐天松，出生于20世纪60年代，是个地地道道的农民。改革开放初期，做过火车啤酒销售、生产过电脑主板所用的电路板，赚到了第一桶金后，又承接生产华东医院、浙二医院等医院所需的小便器，这是我进入医疗器械行业的契机。

真正摸到医疗器械生产的门槛，要从锻造一把手术钳说起。1984年左右，我送一批小便器到浙二医院，有个医生拿着一把手术钳问我能不能生产。也是初生牛犊不怕虎，翻看了几次，我就打包票可以生产，但是有个要求，这把手术钳要当样品。

拿了样品，我马不停蹄赶回桐庐，立刻找到农机厂，想请他们按样品打造。技术工人看后当场拒绝了，说是太精细，生产不了。看似只是简单的两个铁片组合，但是不知道制作原理就无从下手。这时候，我想可以找五金工具厂试试。我和技术工人一起拆解样品，再根据手术钳的外形依样画葫芦，没想到居然成功了。

带着两把锻造好的手术钳又来到医院，医生试用后觉得很不错，一口气预定了100把，每把定价98元。就凭这一下，我判定医疗器械行业一定前景广阔。

虽然生产出了手术钳，但是相较于整个行业来说，我还是一个彻头彻尾的门外汉。当时国内医疗器械的顶尖技术基本集中在东北三省，我开始频繁地去大连、沈阳，还参加了在大连举办的东北三省学术会。会议集聚了各大医院的医生、专家，我拎着装有手术钳的木箱子。白天和各大医院谈意向，晚上再各个击破，会开了几天我就谈了几天。当然，收获也非常大，当时最大的一笔订单有十几万元。

靠着一把手术钳，我打开了医疗器械市场的大门。

### 翻 船

一把单一的手术钳融入广阔的医疗器械市场，就好像一滴水融入了大海。怎样在这个大市场中占有一席之地？正当我思考这个问题时，北京医科大学人民医院的一名医生给了我一个线索。他问我，能不能生产鼻窦内窥镜？根据他的问题，我到市场调研后才知道，当时成套的鼻窦内窥镜生产厂家非常稀缺，有的厂家甚至要从国外进口产品。

受工艺、研发等等限制，我的工厂无法生产内窥镜。几经辗转，我找到沈阳大学研究所，但是他们制作的内窥镜直径4.5mm，与4.0mm直径的鼻窦内窥镜相差0.5mm。想要拿到符合要求的产品，就要定制。我抱着"借鸡生蛋"的想法，当即向沈阳大学定下生产4.0mm内窥镜的订单。依靠自己生产的手术钳、向外采购的内窥镜，组合成为鼻窦内窥镜。这套组合产品一进入市场就广受欢迎，订单接踵而至。然而缺少核心技术的企业如同波涛里的一叶扁舟，迟早会翻船的。

1993年，国家质监部门组织内窥镜抽检，我企业销售的鼻窦内窥镜检验结果不合格。央视《焦点访谈》《健康报》都对企业出售不合格鼻窦内窥镜的事情进行曝光。霎时间，我和企业被推到了风口浪尖上。

2003年，天松牌医用硬管内窥镜获浙江省名牌称号　　（何小华 摄）

更糟糕的是，医院得知抽检结果不合格后，拒绝再向我购买产品，货款也迟迟收不进来。粗略统计，那年企业经济损失高达500万元。产品滞销、货款无法回笼，呕心沥血创办的企业声誉扫地，双重打击几乎让我一蹶不振。业内专家劝我，既然公司名声已经差了，索性换个厂名从头开始。

在从北京回杭州的火车上，我苦苦思索接下来的路应该怎样走。改名换姓当然是最简单的办法，可是我心里还有一股韧劲。既然大家都知道我的鼻窦内窥镜抽检不合格，那就哪里跌倒从哪里爬起来。我下定决心，要自己生产内窥镜。

### 复 苏

掌握技术与质量，才能掌握主动权。自主生产内窥镜，最需要的是人才。我开始天南海北地网罗业内专家，从北京到上海，从杭州到沈阳，最终邀请了11位内窥镜生产研发领域的专家组成了技术研发团队。

技术研发团队在江南镇徐畈村一个家庭式小作坊里，殚精竭虑下了几个月苦功夫，终于研发出了属于我们自己的鼻窦内窥镜。

当年11月，在广州医疗器械博览会上，我们自主研发的鼻窦内窥镜凭借精密的设计、高超的工艺"一炮而红"，一口气接到50万元的大订单。

但是企业复苏之路并不好走。因为1993年的抽检事件，我公司的品牌已经成为"不合格"的代表。即便新的产品已达到行业领先，很多医院仍然抱有刻板印象。我们只能以"试用"的方式叩击市场，使用感不错，再来结账。有的医院在使用产品半年甚至一年后，才最终认可我们的产品，并结清货款。

### 蜕 变

1998年之后的5年是企业迅速发展的阶段，我们在县城白云源路建设了自己的工厂，从单一生产鼻窦内窥镜到自主研发生产医用手术器械。

但是作为一家以家族作坊为起点的企业，要向现代企业发展，同样需要披荆斩棘。公司聘请了行业领域的专家组成管理团队，我选择"放权"，无条件支持他们的所有决策。当亲人因违反企业规章制度要被辞退时，我顶住压力支持他们的决定。

在一步一个脚印中，天松逐步完善规章制度，积极申请专利成果，承接国家项目……我们创建了自己的内窥镜研发中心，成功研制了耐高温高压的系列内窥镜产品，取得了该领域的重大技术突破。天松牌医用内窥镜被国家质监局授予"中国名牌产品"称号。

技术和人才是企业最宝贵的财富。2003年，公司投入3000万元进行第一次技术改造；2006年，再次投资200万美元进行技术改造。此外，通过收购国外医疗器械企业的方式，学习先进的管理理念、运营模式及生产技术等。

如今，天松医疗器械已成为全国医用内窥镜行业的龙头企业，拥有100多项国家专利，产品远销美、德、日等多个国家和地区，年销售额超亿元。我还将继续在"创新与技改"的道路上大步向前，尽全力将天松医疗器械办成民族企业、百年企业。

（徐天松，1984年起步进入医疗器械行业，现任浙江天松医疗器械股份有限公司董事长）

# 深耕不辍 笃行向前

◎口述：张永金
整理：金轶润

20世纪80年代，我就开办了自己的五金模具厂，拥有当时全县最先进的线切割机床，主要为桐庐的医疗器械企业做产品粗加工。简单来说，就是根据他们提供的图纸切割做出雏形。生意做得很是红火。直到1994年，因为一把腹腔镜手术器械，我一脚踏进了医疗器械行业，从此全身投入。

1992年，腹腔镜手术器械进入国内医疗市场。到了1994年，桐庐医疗器械的先行者朱雪庆获悉腹腔镜手术器械的信息，他带着产品信息来问我，是否能够打造这样的手术器械。我一直从事医疗器械的粗加工，对于机械切割、加工并不陌生。同时，在和朱雪庆的长期交往中，我早就意识到单一的五金加工并非长久之计。现在，收到朱雪庆给我的信息，我马上明白商机来了。

机会难得，但是国内当时的腹腔镜手术器械极其稀少，加上没有图纸、没有资金、没有样品，想要生产一把腹腔镜手术器械谈何容易。当时和我一起的还有徐畈村的朱国华，我们了解到在西安空军医院有这样的手术器械。于是，连夜赶往西安，通过关系借到一把腹腔镜手术器械。

借到了样品，我们马上就干开了。先用游标卡尺测量出所有数据，再根据样品手工绘出草图。图纸的问题解决了，但还得知道腹腔镜手术器械的材质、硬度等指标才能生产。幸好1988年我曾在浙大进修一年，对金属加工、材料都有一定了解，知道原材料的采购途径。功夫不负有心人，经过反复调试、试验、打磨，我们的第一把腹腔镜手术器械，在我的五金模具厂诞生了。

凭借这把腹腔镜手术器械，我们得以在医疗器械行业分得一杯羹。1997年，我和朱国华合作成立了杭州桐庐医达器械设备有限公司。说是公司，其实人员只有十几人，厂房也是租的，仅有100多平方米，生产机械、厂区条件也很简单。

20世纪90年代的医疗器械，大多是粗放型生产，我们公司也不例外。一直到2000年以后，国家颁布了各类法律、法规、规章、条例，对医疗器械行业监管日趋严格，桐庐医疗器械行业才慢慢步入正轨，医疗器械的准入门槛提高，想要生产就必须注册证、生产许可证、经营许可证三证俱全。

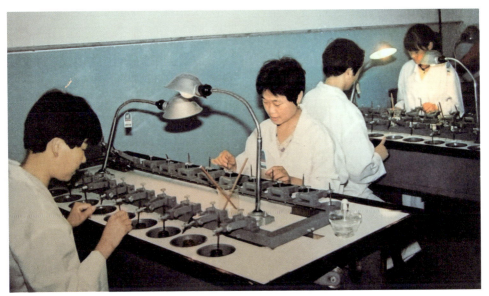

早期的球面镜研磨

这个规定对企业的生产场地、技术人员都做了严格要求，倒逼医疗器械企业向规范生产经营转变。2002年，我们公司也从100平方米的"小作坊"，搬迁到了城南街道轻纺工业园区，新厂房建筑面积达2400平方米，这次搬迁标志着我们公司从家庭式作坊向专业生产企业领域进军。

搬入新厂房后，我们为公司定下的基调是"小而精、精而专"。手术器械行业只有通过不断创新，才能赢得市场。我们将全部心血投放在腹腔镜手术器械领域创新，每年投入大量资源开发新产品，先后完成了新型持针钳、双极电凝钳、包到头剪刀、金手指系列产品等多项拥有自主知识产权新产品。其中肝胞囊肿吸引器、手术钛夹两项，获得了国家发明专利，可以说是开创了腹腔镜手术器械生产先河。

2008年，公司因为与美国史赛克公司合作，开始延伸出新的医疗手术器械产品。史赛克公司提供技术标准，由我们公司生产制造一次性腹腔镜手术器械。也正是因为有了这条分支产品，我们打开了新的国外市场。

得益于"精而专"的发展路线，"医达器械"腔镜手术器械以"钦点"的身份频频亮相在医学论坛、学术会上，《实用腔镜外科技术理论与实践》等权威理疗器械书籍还收录了我们公司生产的钛夹、取石钳、腔镜手助器等多款系列产品。

几年来，我们公司不断开发新产品，还获得了几十项实用新型专利。并与山东、上海、四川、北京等地不少大型医院建立长期合作关系，在临床试验以及产品使用过程中及时获取反馈信息，积极改良医疗器械产品的性能。

从仿制产品起始，到自主创新研发，公司的发展与医疗器械行业的发展同频共振。从野蛮生长逐步走向规范化发展，每个时期公司遭遇的瓶颈都有所不同。一开始发展，受资金、技术的桎梏，公司无法大展拳脚。公司有了资本积累，有了专业化生产场地后，专业技术人员的匮乏又让公司发展艰难。我们一直边化解困难边前进，走到了今天。

目前公司走的路子，还是遵循一边生产一边研发创新，由资深技术人员培养新技术研发人员的路子。即便这样，公司对人才的需求仍没有停止。今后，公司将继续挖掘、培养人才，多渠道捕捉市场信息，通过不断的技术改良，追求品质卓越，为企业长足发展奠定良好基础。

（张永金，1997年创办杭州桐庐医达器械设备有限公司，现任该公司董事长）

# 康基医疗的上市之路

◎口述：钟　鸣
　整理：李　雯

　　经历16年苦心经营，杭州康基医疗器械有限公司从一棵树苗长成了一棵根深叶茂的大树。2020年6月29日，当康基医疗在港交所主板上市时，我壮志满怀，又百感交集。回看2004年康基医疗初创，何曾想到会有今日盛况！

　　2004年，我还只是一名医疗器械销售员。在一次次跟台的过程中，我

康基医疗

目睹了医生们在使用重复性医疗器械过程中要克服的诸多不便，也时常听到医生们针对一些产品结构和功能的改进想法。

一台手术，生死时速。一套趁手的手术工具不仅能大大提高手术的精准度，还能缩短手术的时间。由此，我萌生出一个简单而纯粹的想法：自己生产改进医疗器械，来提升医生手术中的良好使用感。

2004年8月，康基医疗成立了，不过只有10多名员工、2幢简陋的厂房。

为了不断改进产品的使用体验，成立之初，公司销售人员深入北京、上海等一线城市的大医院跟台。在跟台时记录产品使用过程中出现的问题，随后把这些问题收集起来，为一些医院提供定制化的产品。

一开始，康基的产品相对单一。但在一次次的改进中，我们获得了不少医生的肯定，由此更看到了医疗器械产业巨大的潜力。

然而，同质化竞争永远掌握不了主动权，要想企业走得更远就必须守正创新，研发新产品，走差异化发展的路线。

抱着企业做大做强的目的，2007年，公司开拓了新的版图，扩大业务范围，新建厂房，成立研发中心，丰富产品类别。企业从小打小闹到批量订单，逐步迈入自主设计、自主生产、自主营销一体化的征程。2年后，康基医疗迎来了第一次大的飞跃。

当时重复性使用医疗器械的弊端已渐渐凸显，消毒不彻底易造成交叉感染。而从国外引进的一次性耗材，在国内却遭遇了"水土不服"。因为这些耗材都是根据欧美人体型来生产的，尺寸相对偏大，国内医生操作难以得心应手。

瞄准了一次性耗材市场，公司组建新的研发团队，投入新的生产线，并发新的厂区。在大家的热切期盼和倾心付出中，2009年，印有"康基"Logo的多功能套管穿刺器终于呱呱坠地，获得了市场准入，迎接临床检验。这是我们第一款真正意义上的自主产品，也是我们向一次性产品转型、向耗材市场进军的"献礼"之作。

康基的一次性耗材一经推出就迅速占领了市场，康基医疗跨入了发展的快车道。短短数年，公司从早期的21亩功能型厂区，到如今的规划占地116亩的现代化园区；从二层楼研发中心扩展到五层楼多功能研究院；从不足10人的初创团队壮大到700余人的资质过硬的队伍；从生产为主的单一主体演变为研产销投一体化、分支机构分立的平台型企业……康基医疗营业收入年均增长维持在35%—40%左右。

企业布局随着市场环境调整，企业发展也拥有了"双引擎"——研发中心与院士专家工作站"两条腿"走路。尽管每年花在研发产品上的投入都是巨大的，但研发团队是整个企业的核心大脑，也是企业面对外来风险的底气。

当企业的创新能力越发强大，产品开发能力迭代升级，企业营业收入稳步增长时，上市，自然水到渠成。

事实上，早在2010年，我就萌生过让康基医疗上市的想法。但直到2016年，我们才获得了来自济峰资本的第一笔风险投资。正是这一次的风投让我们看到了市场的前景。

于是，我们着手准备上市的相关事宜。2018年，康基医疗又引入了一笔来自新加坡TPG资本的国外资本。得益于康基医疗自成立以来在经营合规性方面的优良记录和在经营业绩方面表现出的明确的持续盈利能力，加上企业团队一如既往的稳定把控、三方团队的专业素养加持，成功IPO（首次公开募股）既是水到渠成，也是顺理成章。

2020年6月29日，香港联合交易所一声响亮的锣声将企业带入了新的纪元——康基医疗在港交所主板正式上市了。

有人说上市对于企业来说是把"双刃剑"，成功上市意味着拥有国际化视野、响亮的知名度、充足的资源；而同时，也在倒逼企业朝着更透明、更规范的方向发展。

上市后，我们在产品布局上更勇于拓展、由点串线，在研发生产标准款产品的基础上实现特异性功能产品研发生产的纵深覆盖，由单个产品生产向术式成套产品开发转变。我们在赛道布局上加快了拓宽步伐，两年来参投孵化了被誉为"微创领域的皇冠"的机器人领域的两家企业，摘取了"微创领域皇冠上的明珠"。同时，我们尝试由线及面，与一家专注于医生培训业务的优质企业达成战略合作，实现了赛道的横向兼容和融合。

此外，我们在管理能力提升方面进行了架构调整，开办管理干部特训班，加强业务内训等等；在企业文化建设方面开设国学课、开办健体社等；致力于在较快的时间内实现企业整体竞争力的提升，为企业可持续高质量发展积蓄力量。

2022年，我们又提炼出了一套适用企业现阶段发展的理念和实践路径双轨并行，即"内生发展"与"外部并购"相辅相成，这将加快康基医疗一站式整体解决方案提供商的阶段性目标实现，同时也是差异化发展中运营发展模式差异化的具体实践。

（钟鸣，2004年创办杭州康基医疗器械有限公司，现任该公司董事长）

# 十年磨砺 走上现代企业管理之路

◎口述：杨德波
整理：金黄璐敏

杭州光典医疗器械有限公司成立于2000年，2012年成为迈瑞医疗集团全资子公司。2012年，我到光典担任总经理。

10年来，我们持续完善产品质量评估体系，实施薪酬制度改革，精心打造研发团队，令企业员工数量、营业收入均翻了10多倍，让一家原本普通的医疗器械企业逐步走上现代企业管理之路。

## 质量把控 助力企业行稳致远

在迈瑞工作的时候，我们对产品质量和标准的要求是非常严谨的。初到光典，关于公司职工对产品质量意识，我听到最多的一句话就是"差不多就可以了"。在履行行业标准时也会出现"就低不就高"的现象。

我曾碰到一个客诉：客户反映我们生产的钳子里面的一个连接片在使用过程中断掉了。于是我召开质量例会，想做个全面调查分析，甚至想动用研发、生产资源，给出一个完整有效的解决方案。可当时有人认为这是小题大做，随着器械使用时长增加，连接片断掉情况是必然会出现的，且同行中都面临着同样的问题。

质量理念的相悖，就像摇晃的地基。俗话说，基础不牢，地动山摇。如何把我们在迈瑞时对质量的严苛要求，输入到光典的管理团队以及每位员工心中并形成上下一致的质量意识，成为至关重要的事。

首先是理念层面，我们知道，任何理念的植入都是一个痛苦的过程。我常常与员工说："医疗器械是治病救人的工具。大家都吃五谷杂粮的，都会有生病的时候。我问大家，我们有没有信心说，放心用我们光典的产品，去协助医生救死扶伤？"我希望用这句话，唤起我们公司每个员工心底的良知。

对质量的把控，操作规范也很重要。我们制订编写了一套规范的产品作业指导书，并要求员工严格执行。但看似机械的工作，还是会出现"状况"。我们一位员工在操作中，目测零件太厚，就擅自拿锉刀把它锉薄了，也不向上汇报。如果谁都可以擅自改动产品，肯定会出现质量事故，我当即纠正了这件事，并以此教育大家要杜绝"想当然"的念头。

同时，我以此设置了"及时奖"，鼓励员工提出有关效能提升、质量改善、工艺优化等方面的意见建议。经现场研判、分析、测试后，当月就可兑现"及时奖"。这一举措不但有效杜绝员工擅自做主的行为，又激发员工内驱动力，服务企业。

### 薪酬改革 凝聚员工向心力

我还记得第一次组织员工培训时，参训职工非常抵触。我问了原因，回答是参加培训减少了他们的工资收入。后来我改成了"发工资参加培训"，大家就非常乐意参加培训了。

"计件制"是一种多劳多得的薪酬制度，虽能提高产能，但如果不与产品质量、员工归属感、企业长久发展结合起来，反而得不偿失。

有一天晚上，下班了，我看到机架车间灯火通明，原来还有一个员工在干活，他本想多劳多得。我一看，就发现弊端：只因为他一个人工作，

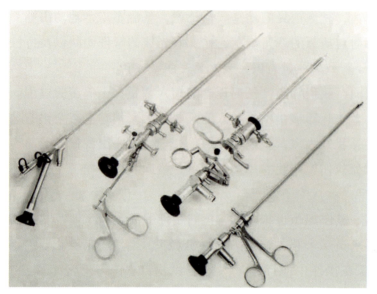

内窥镜手术器械

整个车间的灯与相关设备都要开，真是不计成本啊！

这件事又触发了我对薪酬制度改革的想法。我们把操作岗人员由"计件制"改为"计时制"。我们将工资分成三部分：一部分作为员工基本生活的兜底保障；一部分作为绩效工资，考核他的产能、产出、质量等；一部分是奖励奖金，即浮动的福利，与公司业务整体发展相挂钩。

办企业，是需要社会责任感的。员工需要工作维持生计，我们也需要员工为企业创造价值。从我接手光典到现在，我们每年的业务都维持在两位数的增长。一家健康发展的企业，就是通过良好的管理体系，发挥员工积极性，在良性循环中实现稳中有升，输出源源不断的动力。同样，企业文化也正是建立在这样的凝聚力之上的。

### 研发创新 拉长企业"生命线"

很多企业不太愿意培养一个研发团队。他们担忧研发投入后，怕员工跳槽，怕人才流失，怕技术泄密等等。但产品的创新研发是现代企业管理的必经之路，而且是长期之路。研发能力的高低，决定了企业的核心竞争力。我来到光典后便着手组建研发团队，由设计、机械、材料等各个层面的人才组成。目前，我们光典的研发投入占到经营收入的10%，我认为这就是"生命线"。

事实上，刚开始组建研发团队，最大的阻力同样是认知问题。有人认为，这些器械就像家里的剪刀、菜刀，能做出来、能剪能切，就可以了，他们没看到背后的商机。我在与一些医生的交往中，发现他们的大拇指关节内处起了厚厚的茧，一了解，才知道是不适的手术器械造成。医疗器械相当于医生的手，好的器械能够通过抓夹、手柄，准确传达人体组织的软硬程度，从而让医生精准掌握抓取组织的力度。后来，我做了改进，不仅帮助医生提高手术效率，更减轻了病人的痛苦，赢得了好评。

我非常赞成迈瑞的一句质量标语"质量是研发出来的"。产品在设计初期，如果没有质量标准的介入，是很难再通过生产、控制等手段完善解决的。所以我们从设计源头开始介入，一以贯之地坚持质量标准，实现生产过程的标准化。

研发是价值的创造者，营销是价值的实现者。我们只有持续不断地创新研发，狠抓质量，强化企业管理，让企业不断有阳光雨露的滋润，保持茁壮健康的成长状态。

（杨德波，迈瑞医疗集团成员，2012年派驻杭州光典医疗器械有限公司任总经理）

# 金名片

◎口述：刘　萍
　整理：金轶润

我从小在沈阳长大，是恢复高考后的第一批大学生。毕业后进入沈阳大学内窥镜研究所工作，一直从事内窥镜的研发生产。

1995年初，桐庐尖端内窥镜有限公司老总徐天松到研究所找我，邀请我同他一起研发鼻窦内窥镜。当时的尖端内窥镜公司因为1993年国家质监部门组织的抽检不合格，正遭遇"致命打击"。

其实，早期医疗器械行业基本是"野蛮生长"，行业标准、质量体系都很不规范，经历国家抽检后很多企业一蹶不振。对于尖端内窥镜公司的遭遇，业内专家甚至建议徐总将企业改头换面，重新来过。但是徐总却在艰难的处境中，下定决心自己组建内窥镜研发团队。

当年我35岁，要放弃研究所稳定的工作，离开丈夫和孩子去异地，需要非常大的决心。但是徐总多次登门，和我一起探讨如何在内窥镜领域闯出自己的一片天。被他的诚意打动，连同我在内，一共有11名来自上海、北京、沈阳等城市的内窥镜领域的行家聚集到了桐庐。当时，我们甚至没有谈及薪水多少。

1995年的公司，还只是开设在江南镇徐畈村的一个"家庭作坊"，老板加员工只有十几个人。那时候桐庐还没有"人才引进"的概念，但是我们这些人一到桐庐，就引起了政府的关注。

时任桐庐县政府县长金阿根特地到徐畈村，送给我一张名片。他对我说，我就是桐庐的金名片，今后不管遇到什么困难都可以去找他。这件事让我感受到桐庐对人才的渴望与重视。也是那次，我们定下目标，企业要发展就要走出大山。此后，我们在县城建厂房，县委书记项勤、县委副书记王忠德都陆续来调研工作，给我们鼓励。

初到桐庐，工作环境很不好，我们来自天南地北的十几个人住在几十平方米的厂房里，睡大通铺，吃大锅饭。地域不同，饮食习惯更不同，一日三餐的口味也能产生摩擦。与专业领域相关的工作摩擦更不必说了。

模具设计师也好，模具技术工也好，都是各自领域的拔尖者，工作时都有自己的坚持。我就是其中裁判员。有时候设计师根据理论画出的图纸交给模具师傅做样品，模具师傅直接拒绝："这个图纸不符合实际情况，做不出来！"这时候我就要出面协调，一边告诉模具设计师，设计图纸和构想是好的，但是理论和实际要结合，有些地方还是要听模具师傅的意见；一边又要安抚模具师傅，让他再配合设计师一起改进图纸。

我们的鼻窦内窥镜就是在

传承

反复磨合、调试、调节的过程中研发出来的。一开始我们比较保守，虽然研发成功，但是缺乏对市场的了解，不敢购置机器批量生产，而是委托南京的一家工厂生产。1995年11月，我们带着委托生产的鼻窦内窥镜样品参加广州医疗器械博览会。当产品大获好评、订单纷至时，我们心上的大石才真正落地。我们乘胜追击，立刻组建了自己的生产线。

在此之前有没有放弃的念头？当然有。我从小生活在城市，家庭环境也不错，但是到了徐畈村，生活条件差距太大。交通也不方便，去一趟杭州都得披星戴月。每天工作到深夜，拖着疲惫的身子躺在床上时，总想着明天就要回去，但是第二天起来又热火朝天地投入到工作中。

让我们真正留下来的，是当时徐总完全做到了"待遇留人、感情留人、事业留人"。

公司从起步到发展，遭遇过两次员工罢工，每次徐总都支持我们的决定。第一次罢工，还在徐畈村，为了鼓励员工提高生产效率，我们改"大锅饭"为"多劳多得"。许多员工不同意，认为这会降低收入。这个薪酬制度刚颁布，车间的工人一走而空。产品要按时交货，员工却一散而光，怎么办？只能一个个追回来，一家家上门劝解。遇到这样的情况，有的企业主可能会退缩，暂停薪酬体系改革。但是徐总表示大力支持，还跟我们一起安抚员工。

积累一定资本后，我们在县城白云源路购置4亩左右的地块新建厂房。2003年4月8日，厂房投入使用并举行剪彩仪式。作为生产医疗器械的企业，对生产环境的要求很高，搬到新厂房有了好的生产环境，就一定要制定相应的规章制度。没想到，就在剪彩仪式前一天，员工再次以罢工的形式抗议，并针对颁布的条例咬文嚼字，提出反对意见。徐总一如既往地支持我们的决策。

在逐渐步入正轨后，公司为研发团队的核心人员分别买了房。此外还规定科研人员一年有三次探亲假，每次半个月，并报销来往车旅费。

20余年来，徐总从来没有停止过招揽人才的脚步。2003年，搬入白云源路的厂房后，我们开始着力打造人才梯队。

经历1993年国家抽检不合格的情况后，我们将质量体系认证、专利成果申请放在公司发展首位。产品从认证ISO9000开始，现在已通过ISO9001：2015国际质量体系认证、ISO13485：2016国际医疗器械质量管理体系认证、ISO14001：2015国际环境管理体系认证，主要出口产品通过了欧盟CE认证和美国食品药品监督管理局FDA认证。2021年，公司还新增6件专利，其中发明专利3件。

公司在研发上也一直保持较高投入。2002年，我们接到了国家重点新产品项目的拨款，共计1900万元，全部用于产品研发生产。2018年以来，每年研发投入均在600万元以上。2021年，技术及研发人员占公司员工总人数的12.95%。

1995年初到桐庐，我和徐总的约定是2年，帮助企业渡过难关就功成身退。没想到，2年又2年，看着濒临倒闭的企业成长为一个行业的龙头，天松品牌成为医用内窥镜的金字招牌，我已经不舍得离开。我想看它走得更远、飞得更高。

（刘萍，桐庐尖端内窥镜有限公司、浙江天松医疗器械有限公司高管，任技术负责人、研发中心主任20余年）

# "穿刺器不合格案" 申诉始末

### ◎整理：钟张友

穿刺器是腹腔微创手术必不可缺的器械。桐庐向以生产用于微创手术的硬管内窥镜及手术器械享誉国内业界，被中国医疗器械行业协会命名为"中国医用内镜产业基地"，也自然成了国内穿刺器的集中产地。10余家企业生产的数十个规格型号的穿刺器，在国内市场占有半壁江山，并出口到东南亚和南美等地。

如此大的生产体量和抢眼的市场形象，引起国家监管部门关注。

2017年，国家药品监督管理局委派检查员对桐庐县的杭州桐庐医达器械设备有限公司、杭州南宇医疗器械有限公司、桐庐康尔医疗器械有限公司一次性使用腹腔镜用穿刺器执行"飞行检查"（指药品监督管理部门针对药品和医疗器械研制、生产经营、使用等环节开展的不预先告知的监督检查，简称"飞检"）。受派人在桐庐县市场监督管理局工作人员陪同下，按程序随机抽取样品封存上传。9月20日，浙江省药品稽查局发出《国家医疗器械抽验产品检验结果送达告知书》，告知桐庐被抽检的3家企业生产的穿刺器在上海市医疗器械检测所8月2日出具的检验报告中，均因穿刺针与套管的配合间隙不合格，被判定为"不合格产品"。

这群体性的不合格结论犹如晴天霹雳，不仅炸蒙了几家被抽检企业，而且令全行业也为之震惊。

这批送检的一次性使用腹腔镜用穿刺器属Ⅱ类风险管理医械产品，均

医疗产业园

持有产品注册证。产品在生产过程中，材料、工艺、标准均按既定的生产质量管理规范进行，而上海市医疗器械检验所却将产品判定为"不合格"，其原因和结论着实令人费解。如"不合格产品"形成实锤，不仅企业要大动干戈整改还要被处以销售额5—20倍的罚款，而且国家局还会立即对我县穿刺器生产群体进行地毯式检查。因为都按同一标准生产的，其检查结论肯定又是"不合格"，这将给桐庐整个医疗器械产业带来坍塌性的负面影响。

对此，县医疗器械产业领导小组高度关注，责令医疗器械行业协会全力以赴应对，协助企业查找原由，寻求解救办法。

多方在认真商讨后，决定：一是全行业的穿刺器生产厂家立即对自己的产品按规范自检自查，能力不足的送交协会组织检测；二是组织业内技术人员对穿刺器的行业标准进行深入研讨，查阅相关学术资料提供旁证依据；三是采集周边省生产的同类产品进行对比检测；四是向浙江省药品

监督管理局提出复检请求，并要求企业立即取回封存的抽检品，在法定申诉期内（9月30日前）向中国食品药品检定研究院邮出相关资料，请求复检。9月29日（邮戳日），桐庐被抽检企业以邮政快递方式向中国食品药品检定研究院寄出相关资料。同时，行业协会立即组织技术力量，采用浙江省医疗器械检验院的半径差的检测方法，对收集到的本县产品和省外产品进行检测。从获得的配合间隙数据表明，半径差间隙误差都在允许范围内，应属合格产品。而在专家学者对国家穿刺器行业标准讨论中，我们发现"穿刺针与套管的配合间隙标准为0.3mm"，没有明确是半径差间隙还是直径差间隙，更未对相应检测方法做出规定。更有业内高级工程师沈济民检索到浙江省药品监督管理局审评中心高级工程师耿红于2015年5月发表在《中国医疗器械》杂志39卷第5期"监管与测试"上的《关于腹腔镜用穿刺器行业标准的若干思考》一文，文中对配合间隙的论述支持了浙江省医疗器械检验院理解为半径差配合标准间隙0.3mm的检测方法。如若理解为直径差配合标准间隙0.3mm，那么穿刺器圆周工作配合间隙仅为0.15mm，这必将增加产品的制造成本。由于过于精密，在临床插拔中还会发生卡滞，影响工作效率。

然而一次性使用腹腔镜用穿刺器行业标准是由设在上海市医疗器械检验所的全国外科器械标准化技术委员会（SAC／TC94）（简称上海TC94标委会）起草发布的，我们的解释他们是否认可？他们的意见对监管结论决策有着举足轻重的作用。解铃还须系铃人，我通过业内标准撰写专业人士桂成奎与上海TC94标委会秘书长黄书泽取得联系，专程登门讨教，且与他达成共识。

经过协会与企业的共同努力，"穿刺器不合格"的原因浮出水面。由于腹腔镜用穿刺器行业标准叙述不清，浙江、上海两家检测机构对配合间隙的理解不一，采用不同的检测方法，得出了不同的检测结果。桐庐企业有充分的理由向监管部门提出行政复议。

10月16日，中国食品药品检定研究院以没有在规定的时间内收到复检资料和复检资料有欠缺为由，退回了复检请求，也避开了在两家检测机构中当裁判的难题。

10月18日，3家企业分别向桐庐县市场监督管理局和浙江省食品药品监督管理局提出行政复议申诉报告，要求免于处罚，并不予公告。

一年后，3家企业等到了处理结果。桐庐县市场监督管理局依据浙江省药品监督管理局意见，出具桐市监罚告字〔2018〕446号《行政处罚通知书》："鉴于当事人生产的该规格一次性使用腹腔镜用穿刺器不合格的原因是由于注册检验与上海市医疗器械检测所监督检验方法不一致造成的，企业是按照注册检验机构的检验方法进行生产控制的，免予罚款处罚。"

至此，"桐庐穿刺器不合格案"申诉成功。但此事加深了我们对行业标准制（修）订工作的认识和了解，进而推动了桐庐医械企业积极参与行业标准的制（修）订工作。

（钟张友，桐庐县医疗器械行业协会第1至第4届秘书长）

# 亲历桐庐医疗器械规范提升20年

◎口述：陈　彬
　　整理：滕晶晶

## 从粗放管理到全生命周期监管

20世纪末期，国内医疗器械产业还是按工业产品类别由相关工业部门分别管理，缺乏完善的监管体系。而这个产业早已悄悄地像野草一样在蓬勃生长。80年代，桐庐开始出现生产医疗器械作坊；到20世纪末，桐庐医疗器械产业已开始在国内市场"崭露头角"。

直到2000年1月，我国首部《医疗器械监督管理条例》才实施，这标志着医疗器械监管正式步入依法监管的轨道。也正是在全国药品监督管理体制改革的大背景下，2001年桐庐县药品监督管理局成立。当时，局内设综合办公室、市场稽查科、药械监管科3个科室，我任综合办主任，亲历了桐庐医疗器械监督管理从无到有、从粗放监管到逐渐健全完善管理的整个过程。

可以说，《条例》实施前桐庐医疗器械发展是一帆风顺的，但《条例》实施后，桐庐医疗器械行业存在的问题就暴露了。生产管理职责不清、人员能力不足、硬件配置不全、技术资料档案记录混乱……诸多弊端让桐庐一批医械企业不能适应新的监管体制。

而监管工作却如开弓之箭，势不可挡。2002年开始启动医疗器械不良事件监测、医疗器械生产企业日常监督工作；2003年加大对医疗器械生产企业现场检查力度；2004年正式启动《医疗器械生产质量管理规范》（GMP）；2005年按照企业产品的质量体系要求进行全面系统检查……

也是在2005年，我开始分管稽查工作。我们深知继续过去低端的生产经营方式将会葬送桐庐的医疗器械产业，加强监管倒逼转型势在必行。我们一方面抓从业人员的生产、经营、使用过程中行为规范，使企业和医疗机构对存在的问题有了清晰的认识；另一方面建立生产经营企业监管档案，引导企业自觉守法诚信经营，做到合理配置监管资源，实施有效监管。最为核心的是，我们加强了检查，重点检查产品的原材料采购、生产过程控制与出厂检验等环节是否存在违规行为。对部分风险度较高、存在问题较多的企业进行重点检查，进一步掌握部分企业质量管理体系运行的真实情况，为提升医疗器械监管能力和水平积累了有益的经验。其间，一批低小散企业被兼并、淘汰，最终形成了13家骨干企业。

这期间，企业逐渐适应了新的医疗器械注册审评和生产质量管理制度，建立起了一套适应自身规模和产品的管理体系，有的企业设立了GMP车间，二、三类产品注册证明显增多，产品品质、技术力量、销售渠道都有一定提升。举办每年两季的医疗器械博览会，我县企业已形成一定展销规模和块状特色。

### 从无序竞争向高质量发展

2015年我从江南镇政府调任县市场监管局，与医疗器械产业再续前缘。一到市监局，牵头的第一项全县性重点工作就是医疗器械行业规范提升专项行动。此时桐庐医疗器械产业虽已形成块状优势，但同质竞争、无序竞争问题严重，恶意侵权、假冒伪劣、偷税漏税、不正当竞争等违法违规情况时有发生，严重影响了这个行业的健康发展。到2014年底我县仍有24家三类企业没有通过新版《医疗器械生产质量管理规范》验收。

不出重拳，整不好秩序！我们从县国税、科技部门抽调业务骨干组成了2个检查组，通过排摸线索、联合检查、多级联动等形式，采取分类检查、邀请省市稽查专家等方式，对全县46家生产企业开展全面检查。并前往上海、辽宁、江苏、河南等地调查取证，做到产品销到哪查到哪，不给违法分子留下侥幸的机会。一年间共立案查处违法案件21起，给了扰乱行业秩序的投机分子沉重打击。

行业秩序好了，下一步就是要推动产业高质量发展。桐庐的医疗器械产业与山东威高集团差不多同一时间起步，一度在规模、影响力上是差不多等级。但后来威高通过股改上市、加快产品研发、丰富产品结构、优化产业布局，成长为一家国内极具影响力的大型企业。而我们的医疗器械在良好形势下，裹足不前，逐步丧失先发优势，原先依赖庞大销售网络形成的优势在"两票制""阳光采购"等新政的冲击下难以为继。

2021年首届中国微创医疗器械创新与服务展在桐庐举行

基于当时的政策环境、产业发展形势，我在2016年曾做出一个大胆的判断：医疗器械产业即将进入黄金10年，能不能抓住这个10年决定了桐庐医疗器械的未来！基于这样的判断，我向县委、县政府提出了建设"中国微创外科器械小镇"的建议，目的就是以小镇建设为引领，全面调整产业布局、产业生态和区域定位，做大做强做精外科器械这一行业细分领域，实现我县医疗器械产业跨越式发展。

该项工作得到了县委、县政府和省市局的大力支持，制定了小镇建设实施方案，编制了小镇建设规划，专门出台了支持医疗器械产业高质量发展7条政策。桐庐成为省内最早设立创新医疗器械服务点、医疗器械创新和评审柔性服务站、县级药品检查中心，实施医疗器械注册人转化试点、销售平台"工位号"注册的地区之一。先后招引中科纳泰4P医疗健康产业园、高是灭菌中心等一批生产及配套项目落地。

2021年，桐庐举办了中国微创器械产业集群峰会，这是桐庐首次举办医疗器械展会，也是我省首个"会议+赛事+展会"的微创医疗器械领域大型活动。峰会吸引了6名院士、20余家行业机构和高等院校、数百名微创领域医生学者、30余家参展企业。这让我们看到希望，说明桐庐作为全国最大的硬管内窥镜及其配套手术器械生产基地的行业影响力还在，微创外科器械的前景行业内仍然普遍看好。峰会的召开，也可以说圆了我多年来的一个梦。

（陈彬，2015—2021年任县市场监督管理局局长）

# 附录

罗山皮鞋

# 迎春绽放的"红雷"

◎口述：徐水亮
　整理：缪建民　郭　华

　　说起桐庐的皮鞋制造业，"罗山皮鞋"曾经是一块响当当的牌子。20世纪八九十年代，适逢我国改革开放的初期，一个小小的罗山乡松村村（现属百江镇），一下子就冒出了20多家大大小小的皮鞋厂。可以说，我和徐土根是当时村里办企业的领头羊，而红雷皮鞋厂则是村里绽放的第一朵迎春花。

　　1979年，我22岁，已经在华东制药厂（杭州）跑了2年销售，很想在杭州扎下根。没想到，有一天村里的领导突然找到了我，说现在村村都在想方设法办企业，都想借改革开放的春风脱贫致富，我见多识广，又年轻有为，看看我们村里可以办个什么企业。我和几个村干部，加上几个年轻人一起到分水布鞋厂去参观，转了一圈后我们就坐下来商量，决定立即办两个厂，一个针织厂，一个制鞋厂。

　　说起来容易做起来难。谁都想办企业赚钱，但钱并不是那么好赚的。1981年我跟徐土根、潘德华、徐绍圣一起4个人承包了村里的鞋厂，每年上缴村里8000元。没想到第一年就亏了，第二年就有人要退出，村里就把承包金降到每年2000元，我和徐土根接了过来继续办。

很多人都听说过义乌的"鸡毛换糖"，说义乌人走南闯北很能吃苦耐劳，其实我们松村人，吃苦耐劳的精神一点也不亚于义乌人。就说当年我们办厂，为了把皮鞋销出去，1983年整整一年，我挑着一担皮鞋到处跑，很像"鸡毛换糖"的义乌人。当时我国交通很落后，很多地方都没有公路，完全要靠两条腿走。有时为了省点车费，有车也不坐，硬是挑着一担皮鞋一村一村走过去。就这样，我靠两条腿跑遍了杭州的大街小巷，跑过了省内的上百个村庄，还先后到过广州、北京、江苏、安徽等地。跑了一年多，赚到的是一路的辛苦，却没有赚到几个钱。后来想想，这样到处瞎跑，也跑不出名堂，不如落脚在杭州，来去也方便点。于是就在杭州城里租了一个小店面，后来又找了几个小店代销。这样一来，业务量有所扩大，知名度也不断提高，但一年下来，总体上还是亏的，那一年我光路费就花去了三四千元。

1984年10月，与村里签的合同到期了，我开始自己办厂——罗山红雷皮鞋厂，走上了创业道路。

企业的发展总是与国家发展大局息息相关的。我办厂的时候，正赶上我国深化改革开放、不断扶持乡镇企业发展的大好时机。跑了4年多皮鞋供销业务的我，对自己办厂也很有信心。我花了5000多元买来了新设备，又从杭州皮鞋厂请来了退休工人当技师，招收了一批工人，就像模像样地开工了。

创业需要机遇，需要吃苦耐劳的精神，更需要企业主对市场需求的精准把握。据我了解，当时杭州市场对牛皮皮鞋还是很有需求的，所以第一次创业，我就把生产真皮皮鞋作为主要业务，开足马力生产牛皮鞋。那几年，我很少住在家里，在杭州的一个小旅馆租了一个床铺，每天跑市场，找客户做代销。由于我们生产的红雷皮鞋质量还不错，得到了一些客户的认可，来预定的客户逐渐增多，有的商店还主动要求代销我们的皮鞋。我们厂的销路就这样慢慢打开了。

当老板与打工者的区别，就在于当老板的要事事想在前面，而不能像打工者那样按部就班。随着人们生活水平的日益提高，老百姓不仅要穿真皮皮鞋，还要穿款式更新的皮鞋。我就在市场里找灵感，找发展方向。都说"东西南北中，发财到广东"，广东是我国改革开放的前沿，是我国经济发展的排头兵，我就跑到广东去找皮鞋的新款式。那时从杭州到广州，要坐两天一夜的火车，我成了常客。一到广州，我就买几双新款皮鞋回来，然后跟厂里的技师一起研究款式特点，一起分析皮鞋的流行趋势。

仿制皮鞋，初看起来很简单，其实并不容易。广州带来的样品，并不完全适合我们江浙一带人，但给我们提供了新的款式和新的思路。经过反复研究，反复改进，我们厂生产出来的皮鞋，不仅质量有保证，而且款式也新颖，一推上市场就得到广大消费者的认可和喜爱。1987年我们厂的生意十分红火，杭州几个大商场都主动与我们合作。为了方便销售，我们又注册了杭州白云鞋业总公司，开创了我县皮鞋业在杭州设立品牌专柜的先河。

1987—1989年，是我们厂发展最快的几年。我每个月要去广州两次，

原红雷皮鞋厂厂房

来回也改乘飞机了。我们厂生产的鞋子也成了杭州各大商场的风向标，我们在杭州解百、杭州大厦、百货大楼、大江南、小吕宋百货商场都有自己的专柜，自己的营业员就有50多名。1989年我们的销售额达七八百万元，1990年就上千万元了。皮鞋销售范围也不断扩大，从省内扩大到山东、江苏、安徽和上海等地。

企业的生命力在于创新。记得90年代初，许多厂家生产出来的皮鞋都比较硬，许多人穿了双脚都会磨出血泡。为解决这个问题，我们开发了一款新皮鞋，把牛皮做成软的。结果这款鞋一投放到市场，立刻供不应求，杭州几个大商场一抢而空。更为夸张的是，义乌的一些老板常常是背着钱，等在我们厂里要货，工人每天加班加点都完不成订单任务，我们只好按等在厂里客户来的先后顺序，分一点皮鞋给他们。

企业在迅猛发展，皮鞋的需求量也越来越大，而那时的皮革都是限量供应的，需要有关部门审批才能拿得到，需要物价局核价才能定销售价格。为了搞到更多的皮革，我们又把目光投向广东。我从一个业务员那里打听到，因为每个国家对皮革的检验标准是有差异的，广东省进出口公司每年都会有一批出口皮革被退回来。这个消息对我们来说太重要了，我就日夜守在广东进出口公司，一旦有皮革，就立马全款买下来。

1991—1993年，是红雷绽放最为绚丽的几年，年销售额都在千万元以上，这业绩在当时可谓耀眼。此后，企业就开始走下坡路。走下坡路的原因是多方面的，主要是我的决策失误。1993年下半年，为扩大生产我去千岛湖发展，租了厂房买了设备，准备大干一场。没想到生产计划与皮鞋市场没有衔接好，1995年就亏损了100多万元，企业一下步入了资金周转不过来的困境。这时又适逢我国为抑制通货膨胀，收紧了银根。这样一来，我们企业就举步维艰了，一朵红红火火的"红雷"，就这样凋谢了。

2002年5月，《桐庐报》刊发"解读沉寂的鞋乡"系列报道（6篇）

（徐水亮，百江镇松村人，1984年创办红雷皮鞋厂，1987年成立杭州白云鞋业总公司，任总经理）

# 一路风雨一路歌

◎口述：赖松军

整理：缪建民 郭 华

奥美鞋业生产车间

1992年我初中毕业，家里人托关系把我送到百江小松原一家鞋厂上班。我的第一份工作就是做钳帮。这是制鞋工艺的重要一步，就是在鞋帮与内底固定前，先将内底固定在楦头上，再将鞋帮通过楦头与内底固定。我做的就是用钉子固定楦头和内底的那一步。

那时家里穷，我非常珍惜这一份工作。第一个月拿到了100多元钱，我把所有工资都交给了父母。看到父母开心的笑容，我心里也是满满的幸福。我终于有能力养活自己了，还可以帮衬一下家里了！所以我做事特别卖力，特别用心，在这个厂我一做就是3年。由于我勤奋好学，老板也很器重我。1995年我19岁，当了小组长，每个月工资400多元。

没想到好景不长，1996年这家企业倒闭了。我心想有技术，走到哪里都会有饭吃。那时全国各地的年轻人都往广东跑，都说那里的钱好赚，我也揣着梦想直接去了广州。到了广州，我很快就入职了一家香港人在广州办的鞋厂。广州制鞋，与我在桐庐学做鞋子的工艺完全不同，一是这里制鞋从来不用钉子钉鞋帮和内底，而是直接用特制的胶水粘，这样就避免了硌脚的问题。二是这里推出新品的速度非常快，而且都很时尚。记得有一款鞋，前面是类似布鞋的松紧带鞋头，后面用皮革做鞋后跟，在当时很流行。原来皮鞋也可以融入布鞋的元素，使鞋子既时尚，穿起来又很舒适。观念上的突破，是我在这家企业最大的收获。

1998年我回到桐庐，暂时脱离了制鞋行业。一年后，分水华宝鞋业正好要招工，我凭借多年做鞋经验，进入了这家公司，做了半年采购。因为我对制鞋的各个环节都比较内行，半年后就升任这家公司的副总。此后企业很是红火，最好的一年销售额将近1亿元。干了三四年后，这家企业要转行，我只能离开了。

从16岁进厂打工起，我就想有朝一日自己办个厂。2013年，打工21年后，我在百江镇注册了自己的公司——桐庐奥美鞋业有限公司，开始了自己的创业。

起初我们计划以生产拖鞋为主，销售方向是各地的大中型宾馆。我带了十几个人租了一个场地，请来了师傅，学习了一个多月的制作技术。人员工资加场地费用，一共支付了40余万元。正当我信心满满准备大干一场的时候，却发现根本接不到订单。这是我缴出的第一笔学费。这个挫折又让我重新开始做传统鞋子。

其间有家淘宝商来找我，让我做代工。我心里也清楚，淘宝质量要求高，代工费又很低，整个算下来几乎没有什么利润。可创业初期没有业务，为了企业生存，我咬牙坚持做了一段时间。

坚持到了2016年，我开始接外贸单子。短短几年，我们公司的业务发展到了北欧、美国和日本。外贸的业务质量要求很高，尤其是日本，每双鞋子都要仔细检查。从原材料选择到鞋子制作工艺的每一个环节，我都亲自把关。正因为如此，从事外贸接单以来，我们公司极少出现退单情况。

2019年随着企业发展，我想把企业做大做强，于是租了一个更大的厂房。我花了2个多月的时间装修了厂房，还购置了全新的设备，眼看就要开工生产，最终却因房东未办理好消防证而搁浅。我又一次栽了个跟头。

2020年初因为疫情影响，桐庐封城。不巧的是，疫情前我们公司刚与英国一家企业签订了一笔40多万元的订单，按合同要求需在3月初把货运到英国。可因为疫情，直到合同到期，我们的产品都没办法运出，对方因此取消了订单，我们眼看着就亏了。本想把这批货转内销，又因为鞋子尺码太大，在内地很难卖出去，最后只好低价甩卖。

做人需要一个好心态，办企业更需要有一个百折不挠的好心态。一次又一次的挫折，没有把我的精神击倒。我把挫折当教训，吃一堑长一智，继续努力去把事情做好，去把亏掉的钱赚回来。

2021年，通过公司上下的艰苦努力，全年销售额达到了1000余万元；2022年销售额再超上年。

人都会碰到挫折。可在挫折面前，更需要我们坚定战胜困难的信心和勇气。只有这样，风雨过后才能见彩虹。

（赖松军，百江镇钱家村人。2013年创办奥美鞋业有限公司，任总经理）

旧县皮件

# 风雨创业路

◎口述：周关兴
　　整理：缪建民　郭　华

　　我是1979年从旧县上联村石灰厂调到旧县乡服装厂的，一直干到1999年，整整20年都在从事皮件服装生产工作。从供销员到供销科长，再到厂长、董事长，我与皮件服装生产有着不解之缘。

　　旧县的乡镇企业是乘着改革开放的春风萌芽的。我所在的乡服装厂就是旧县最早的乡镇企业。那时从事皮件服装业，完全是摸着石头过河。我到乡服装厂时，职工只有三四十人，一年的产值只有七八万元。厂里以给杭州纺织品公司加工服装为主，产品只有三四样，"哈式""直式"人造皮夹克，还有一款人造革两用包。

　　我一到厂里就跑供销，先到杭州的几家大商场联系业务，没想到人家根本不理我，完全瞧不起乡镇里的小企业。我当时想，也许杭州人生活水平比较高，所以眼光也比较高，可能经济欠发达的地方会好点。于是我就去了江西上饶，跑到上饶的二轻公司。一位姓刘的经理接待了我，他对我们生产的人造革两用包比较感兴趣。这是一位很有经验的经理，他问我人造革价格是多少，里子价格是多少，人工工资是多少。这一问把我问傻了，因为我刚到服装厂，这些根本不知道，但又不好意思说自己不知道，便信口说了一个价格。刘经理一核算，便开玩笑地说："你们厂是雷锋办的吗？"言下之意，我报的价格连成本都不够，除非是学雷锋做好事。这个刘经理给我上了一堂生动的销售业务课，让我明白，跑销售首先一定要懂业务。我在上饶碰了一鼻子灰，回厂后就开始认真学习成本计算、面料分析。半个月后我再次出门，先后跑了长沙、成都、遵义等城市，一路跑下来还算不错，成功地把厂里库存的300多件人造革服装全部销了出去。

1981年下半年，我升任厂里的供销科长兼皮箱车间主任。就在次年，我在火车上认识一个人，他是我真正的老师，也是引领我一路前行的大贵人，他就是上海西比利亚皮货商场的老总朱联章。1949年前他就在商店做学徒，一直从事皮件工作。从此我就跟着他走南闯北，他带我去上海和桐乡皮件厂参观学习，建议我们厂改用真皮做服装。他看我勤奋好学，为人也诚实，就与我们厂签订了合同，要我们在2个月内生产600件羊皮服装。接到单子后，我是喜忧参半，高兴的是这一个单子比我们厂以前一年的产

皮件生产车间 （何小华 摄）

量还要多，忧的是我们的技术和设备跟不上。我们从杭州皮件厂请来了一位退休师傅。在他的指导帮助下，厂里增加了缝纫机，加班加点，终于完成了订单任务。朱总看到我们的货后非常满意，紧接着又给了我们厂2000件的订单。我们厂的机修工是一位很有创造力的年轻师傅，他在现有设备的基础上大胆进行技术改革，把几台缝纫机改成联动式的，大大提高了效率。就这样，通过大家日夜苦干，我们按质按量按时完成了这个大单子。这是我们厂生产出来的第一个真正意义上的自己的真皮产品——猎装皮夹克，也是开了桐庐皮件生产的先河。

这一年，我们还把皮箱产品打入上海第一百货公司，把我们的真皮服装、真皮皮箱直接卖到了上海最大的商场。

1983年，我当上了乡服装厂的厂长。当厂长的我又在思考，怎样才能使日益扩大的企业走向规范化？我从杭州、上海等地大企业搬来了规章制度作参考，泡在厂里整整写了三天三夜，出台了自己的厂规厂纪。后来我们的管理制度被很多同行拿去作参考，还与我开玩笑说，我们那里是"黄埔军校"，许多厂长都是我们那里培养出来的，规章制度当然也要用我们的。我借鉴上海等地企业的做法，在厂里试行计件工资，经过不断调整和完善，激发了工人的积极性，员工收入也随之大幅提高，高的每月可以拿到三四百元。当时学徒工的工资只有18元，我当厂长的每月也只拿44元。有人眼红了，就去乡领导那里告状，说3个乡干部工资加起来还没有一个服装厂的职工收入高。可是他们只看到收入，没看到职工的辛苦。我们的员工从早上6点多就到厂里干活，常常是干到深夜才回家。好在当时乡里的主要领导对计件制予以充分肯定和大力支持。

1983年我们厂的销售额突破了180万元，比上年翻了4倍，厂里也更新了设备，一切都渐渐走上正轨。1988年全厂工人发展到420人，销售额突破2000多万元。最让我开心的是，我们的职工渐渐富起来了，旧县新街两边的新房子，绝大多数是我们厂里员工的，后来一些能干的还自己当起了小老板。

那些年，每年年底县里都要召开经济工作表彰大会，我们厂都会捧回一大堆奖状奖品。1987年，我们的皮衣产品荣获"浙江省冬令十佳商品（银奖）"；1990年，我们生产的皮装又荣获国际金奖。

难忘1988年，县领导方贤华在全县经济工作会议上说，我们的乡镇企业要想走出困境做大做强，必须走外向型经济发展的道路。这句话为我们厂指明了方向，我开始跟外贸公司联系。1991年企业开始做外贸单子，当时的外贸对象以美、英、日、韩为主。1998年公司申请注册了"豹王"商标，这个商标1999年被评为第一批全国著名商标。这是桐庐皮件服装史上第一家。

一路走来，也有许多坎坷和教训值得总结。1996年6月30日，一场突如其来的特大洪灾给我们企业带来了极其惨重的损失。在与保险公司的反复沟通、打官司中，我们耗费了大量的时间、精力和财力，当然我们也缺乏有关法律知识。1999年年底，因身体欠佳，我退出了用心血打造的杭州市桐庐裘毛皮件总厂和杭州豹王裘毛皮服有限公司。

（周关兴，1985年任杭州市桐庐裘毛皮件总厂厂长，后又任杭州豹王裘毛皮服有限公司董事长）

# 质量+创新 企业腾飞的双翼

◎口述：张建华
　整理：缪建民　郭　华

　　我是1994年进入皮件行业的，先在旧县豹王皮件厂跑了一年多业务。跑业务的，总希望有朝一日自己办厂。1996年，我梦想成真，创办了杭州桐庐鑫达皮件公司。3年后，转战杭州闲林，创办杭州飞扬服装有限公司。又是3年，2002年公司转回到桐庐经济开发区。辗转近30年，我们公司在风雨中启程，在研发创新中崛起，年销售额从起初的几十万元做到最红火时2亿多元，员工（含代加工人员）从几十人发展到最多时的2000多人，年缴税金额一度达到1000多万元，欧洲、澳大利亚的皮革服装市场到处都有我们的产品。在红红火火的那几年，公司先后荣获县"成长型中小企业""最具潜力型中小企业""重点骨干企业""超亿元企业""信用优良企业""纳税先进企业"等各种奖牌和荣誉称号。

　　是什么让我们公司走向成功？我心里最清楚，靠的主要是质量和创新。

　　做皮革服装，皮的质量是第一道关，我必须亲自把好。创业初期，我跑了100多家制革企业。从四川、河南、山东、广东广州、浙江温州等省市选了100多家企业，每到一家企业，我都带一些皮革面料回来。这样我的办公室里就贴满了要来的各种皮革面料。我在每个面料上贴上标签，注明厂家和拿来的日期，每过一段时间逐一观察皮革面料的变化，认真比较和研究，品质差的直接拿掉。我就用这种最笨最原始的办法挑选皮质，一年下来最后留在墙上的皮革厂家只剩三五家。这三五家的皮革面料就是我们公司最终需要的。

我们一直很注重皮装质量，生产的服装放个两三年也不会起变化，销到欧洲一般不需要第三方检验。2006年，我们向丹麦发去一批价值800多万元人民币的货，对方开始并没有要求第三方检验。货发出后，他们突然提出要第三方检验。后来经与对方反复协商，最终决定先卖货后付款。我对自己的产品质量是非常有信心的，果然船到港两个月，所有皮衣一售而空，对方也在两个月后把货款如数转了过来。我们公司在20多年的外贸生意中，从来没有出现过一起因质量问题而赔付的事件。

公司发展的动力在于研发创新。2004年，一位国外企业家找上门来，希望我们公司研发一种新面料，用猪皮的面料做出羊皮、牛皮的风格，而且要做出烤焦的面包表皮的那种感觉。我就拿着烤焦的面包找到一家长期合作的厂家，与技师天天泡在实验室里，试验了十几次，每次试验都要经过6道工序。经过2个多月努力，终于把猪皮用镀膜的方式做出了仿旧牛皮的质感。外商非常满意，生产出来的产品一上市就大受欢迎，常常是一抢而空。这个做旧的镀膜技术让我们的产品风靡整个欧洲和澳大利亚。有一次，我去英国，走在几条主要街道上，看到的皮装几乎都是我们的产品。

研发产品的费用也不菲，每年支出的镀膜费就达1300多万元。为此，我们与代加工企业都签有严格的保密协议，

2008年世界金融危机发生，我们公司深受影响，最直观的反应是销售额直线下滑，2008年我们的销售额下滑到1亿多元，2009年所受影响持续加深，年销售额只有四五千万元。

面对越来越严峻的国际经济形势，我们主要的应对方式还是新产品的研发和创新。这时我又带着团队重点研发皮装抓皱和印花效果，把皮装做

出棉品的效果。依靠这种工艺，我们公司又平稳地度过了5年。

　　岁月有尽期，创新无止境。2019年，我们把重心转向羊皮服装的研发上，跟四川一家制革厂一起研发无铬鞣技术，并取得初步成功。凭借产品皮质大幅提升而成本大幅下降的优势，公司订单逐步恢复，前景一片光明。没想到突然遭遇新冠病毒在世界大流行，我们公司在2021年1月发到澳大利亚的2个集装箱1000多万元的货，受疫情影响，一直在海上漂呀漂，漂了整整7个多月，到了8月对方才提到货。让人欣慰的是，由于我们的服装原材料质量比较好，尽管滞留了半年多，衣服质量依然有保证。后来我们又做了两三百万元的皮衣运往欧洲，再次遇到了同样的问题，对方一直提不出货。我们只能暂停生产。

　　我想，一个优秀的企业家不但要善于"进"，还要善于"退"；不但

杭州飞扬服装有限公司

要善于"攻"，还要善于"守"。应对疫情我们暂时退一退、守一守，一待疫情过去，我们又将扇动质量与研发创新的双翼，向更高的目标进发！

（张建华，1996年创办杭州桐庐鑫达皮件公司，1999年创办杭州飞扬服装有限公司）

# 40年，专注一件事

◎口述：程立琴
　　整理：缪建民　郭　华

　　我从17岁进厂做学徒工，到现在年近花甲，只做了一件事情：皮革服装生产。

　　做事先要学会做人。1980年，刚刚初中毕业的我，满怀信心地到旧县一家社办企业当皮件服装工人。刚进厂的时候，因为个子矮、年龄小，什么技术也没有，没有哪个班组愿意要我。那时我就暗下决心，一定要学好本领，做一个大家都抢着要的技术人员。我从小性格好强，凡事做了就想把它做好。做学徒的那几个月里，我每天都提早上班，熟悉工作流程；每天迟下班，常常是别人下班回家了，我还在车间里苦练技术。就这样，3个月后，许多班组长都抢着要我这个小姑娘。靠着勤奋，我从普通的车工，走上了打板、做样衣的技术岗位。

　　那时我最开心的事情是不仅每月可以拿到钱，年底还能拿到比一般工人更多的奖金。说起奖金，我记得，1990年厂里派我参加全县乡镇企业技术比武大赛，我很幸运地获得了一等奖，还得了300元的奖金。这300元的奖金，对当时的我来说，是一个巨大的鼓舞。就这样，我在这家企业工作了10多年，也是在这家企业，我初次接触到了外贸行业。后来企业合并，在合并的公司我又做了8年。再后来，因为公司要集体搬迁到外地，我舍不得离开家乡和亲人，才有了自己办企业的想法。

当时家里人都不同意，我顶着种种压力，于2001年开始自己办厂，投资了30多万元，租厂房购设备，还招了30多个工人。我把自己的家也一起搬进了厂里，每天都泡在车间里。从每位员工的技术培训、每台机器的调试，到每张订单的产品检验，我都亲力亲为。谁都知道，办企业很辛苦，特别是创办初期，更是苦上加苦。那时常常要加夜班，每个星期总有一个晚上是要忙到通宵的。好在那时自己年轻，虽然每天忙忙碌碌的，也不觉得特别苦，总是信心满满的。

在桐庐办厂招工不容易，稳住工人更不容易。早先旧县的皮件厂很多，许多厂找不到工人。而我因为说话算数，许多人都喜欢到我这里来上班。我答应给工人按时发工资，缴五险一金，是百分之百兑现的。

立弘皮装生产车间

　　我也很关心工人。每年春节一过，我就上门去看望我的员工，了解员工的家庭情况，增进与员工的感情，顺便把企业的新年计划和开工日期都一一告诉他们，让每个员工都感到"厂兴我荣、厂衰我耻"。据说，有家厂的厂长想挖我厂里一个技术工，还给他发了一个大红包，没想到还是被拒绝了。

　　办厂2年后，我有意识地培养了一批技术人员，让她们在同行中快速成长，能够挑起大梁。随着工厂效益的提升，规模日益扩大，我们公司的工人增加到90多人，业务也从单纯的加工代工过渡到设计加工一体化。

　　2015年我去荷兰考察，无意中看到一个行人穿着我们公司生产的衣服在商店里购物，一种自豪感油然而生。也正是通过这一年的考察，我了解到欧洲人动物保护意识在不断加强，喜欢穿真皮的人越来越少，喜欢穿PU皮、人造革衣服的人越来越多。回国后，我们马上改变生产方向，把以前以真皮为主改为以PU皮为主。这样一来，不但符合国际环保理念，还大大降低了成本，加快了转型速度，生产出来的产品深受欧洲市场的欢迎。

　　一路走来，我们见证了旧县这个曾经的"皮件之乡"的兴起和衰落，看到了许多土生土长的企业家的崛起，也听到了因为种种情况而"关门"的企业家的叹息。有人问我：旧县皮件最兴旺时，大大小小皮件企业有四五十家，现在还"活"下来的不多；近年又遇到疫情的严重影响，有的企业亏本不做了，有的改行另起炉灶了。唯有我们公司，不仅没有受到影响，反而发展壮大了，年销售额也不断提升，2021年全年达到2000多万元，2022年至7月底已突破3000多万元，这是为什么？回顾40多年的经历，我最深的感受是：做企业就是做人，一定要以诚信为本。

　　我做的外贸单子绝大部分来自欧洲，其中有一家贸易公司是荷兰的。这是一家有着160多年历史的服装公司，我跟这家公司合作多年，关系一直很好。8年前，我接了这家贸易公司一个单子，接的时候美元兑人民币汇率是7元多，没想到出货的时候汇率变成了6元多，这一单就亏了30多万元。

但我坚持宁亏钱绝不亏诚信，还是按合同交付。还有一次遇到猪瘟，我们在合同签下来后皮革价格一路暴涨，但后来我还是选择了按合同办事，做了这笔单子，净亏了200多万元。到了年底，我靠银行贷款给工人发了工资和奖金。荷兰这家公司知道后，主动补偿了我们公司30多万元。这就是多年诚信的力量。

（程立琴，2001年创办佳时达皮服有限公司，现为杭州立弘皮革服装有限公司总经理）

深澳玩具

# 深澳玩具的起始

◎口述：申屠百宽　申屠亚莲
　整理：丁　宁

**申屠百宽**：20世纪60年代末，在上海崇德工作的深澳人申屠柏生和上海新康玩具厂老总非常要好。在一次交谈中，申屠柏生得知，新康玩具厂有一批急需加工的手工钩针玩具，但厂里生产人手不足。他想到了老家深澳村人口多，有富余劳动力，就与老板商量，接来了这份订单。申屠柏生赶回家，马上召集几个村民，在自己家里试着办起了钩针玩具的家庭作坊，这就是深澳工艺品玩具厂最早的前身。

当时，深澳村有6个生产大队，我在第三生产大队，也叫"深三大队"，做记账员，三大队的支部书记申屠盛玉推荐我兼做玩具厂的财务工作。

**申屠亚莲**：玩具厂定下来后，派了村里4个比较机灵的姑娘到上海学习。我和赵林芳、申屠登英等4个人一同吃住在上海，用了一周的时间，认认真真学来了钩针技术，还带回来11只式样不同的立人、坐人、爬人与1只动物狗各一打（12只）钩针玩具。回到大队后，我们就手把手地教村里的姑娘们怎么做钩针玩具。那时候大家的学习热情非常高，几个月下来，村里许多大姑娘都学会了做钩针玩具。姑娘们一手挎竹篮，一手捏钩针，钩着玩具，喜气洋洋。

**申屠百宽、申屠亚莲**：随着生产人手增多，加工业务逐渐熟练，订单也不断增多，原来放在申屠柏生家的生产加工点就不够大了。1972年，整个生产加工点搬到了村里"后房厅"边的一幢房子里，由申屠铭水担任厂长。为了更好地承接生产单子，这个加工点要取个正式厂名了。因为这个加工点是深澳村第三大队的，就定名为"深三工艺品玩具厂"。厂子一直用到一至六大队合并为深澳大队之后，才正式更名为"深澳工艺品玩具厂"。

深三工艺品玩具厂旧址　（周华新　摄）

当时大队的玩具厂，是先向上海公司接订单，再按订单发料，村民领料、领订单，回家加工生产，再把成品交回企业，得到的加工费以现金形式结算。所以每次只要厂里新来了订单，来领料的人常常是络绎不绝的，有时候甚至排队到半夜，才能把订单和料发完。那时候的村民为了赚几个现钱也不怕辛苦，常常白天连着夜晚加班。

改名后的深澳工艺品玩具厂开始还是上海新康玩具厂的业务定点加工企业，在生产一段时间后，新康玩具厂面临玩具过时的问题，我们作为他们的工艺品分厂的生产基地，也要转型了。只要做有心人，任何事总会有出现转机的时候。那年在杭州龙翔桥的某处地方，在开对外出口玩具产品展销会，厂里当时就决定参加，马上钩了一只大的钩针玩具产品。展品是一只乌龟背上驮着唐僧师徒四人，针法讲究，色彩搭配鲜艳，神态也惟妙惟肖，当场就吸引了杭州棉毛针织厂供销人员的注意。也是凑巧，当时的杭州棉毛针织厂收到一批手套订单，手套上需要有茶壶、茶杯两个挂件以及蝴蝶结等装饰配件，有一定的生产工艺难度。而我们送去的展品，反映出的生产工艺刚好符合他们的要求。经过洽谈，双方当场签订了一批订单。杭州棉毛针织厂本来预计需要几个月才能完成订单，我们仅花了7天就交货了，让他们大吃一惊。验收合格后，他们非常满意。由此，我们又与杭州棉毛针织厂展开了生产业务往来。

现在想起来，在当时的社会环境下，其实根本不具备创办企业的基础条件。一个是资金短缺，玩具厂每月的加工收益以给村里的人发工资为主，没有富余的资金。再一个是运输困难，当时的交通很不方便，我们深澳没有直达杭州等地的公路交通，运输工具也少。产品要运到上海新康玩具厂，先由富春江水运经轮船运到杭州，再经杭州城站托运到上海站。之后，一般由上海新康玩具厂派人从上海站接货，转送至厂里。送到杭州棉毛针织厂的产品，我们得先用双轮车运到富阳东梓关村，水运至杭州南星桥，再联系针织厂的人到码头取货。另外还有思想意识问题，当时办企业，有些思想还不够解放，碰到的阻力也是蛮大的。

但是，我们只用了几年时间，就从最早的家庭作坊到初具雏形再到拥有自己的厂名，从"深三工艺玩具厂"到"深澳工艺品玩具厂"再到"桐庐工艺玩具厂"。深澳人用自己的吃苦耐劳、善用时机撑起了"深澳玩具"这个牌子。

（申屠百宽，深澳工艺品玩具厂会计；申屠亚莲，深澳钩针玩具技术人员）

# 玩具成就人生

◎口述：申屠立峰
整理：丁　宁

　　我家和玩具结缘，始于1969年。那时我父亲（申屠柏生）与上海新康玩具厂的领导很熟悉，就接了他们厂里的一点业务，在家办了一个钩针玩具加工点。1970年，我到上海学木匠，也刚好在上海新康玩具厂做装修。当时玩具加工点一年的收入，才1万元左右。20世纪70年代初，厂里业务慢慢增加，需要专人参与玩具业务接洽，我就因为这个契机加入了玩具生产加工行业。

　　当时设在我家的钩针玩具加工点因为业务量增加，也搬到了深澳村"后房厅"旁边的一幢老房子里，加工点升级成了"深三工艺品玩具厂"，厂长是深澳三大队的申屠铭水。后来，因为订单不断增加，玩具厂也不断扩大规模。先是从老房子里搬到了"祠堂摊"边深澳四大队的一幢仓库里，接着又搬到深澳乡政府工办楼上，最后在深澳大塘边专门建造了一幢新厂房。其间，企业几度更名，最后定名为"桐庐工艺玩具厂"，玩具生产真正进入蓬勃发展时期。当然，这些都是后来发生的事了。

　　从70年代开始，深澳的玩具企业基本上是"以销定产"。1976年，深澳厂里的领导就叫我长驻上海，专门负责联系上海、杭州等地业务。因为有了专门跑供销的业务员，企业的业务一步步地扩大起来。1980年，我当上了桐庐工艺玩具厂的第一任厂长，首先打开的是浙江省轻工艺品进出口公司和上海工艺品进出口公司两条供销业务线。那时候，我拿着自己企业的钩针玩具来到浙江省轻工艺品进出口公司，希望争取一批玩具订单回去。可当时，省轻工艺品进出口公司手里只有客户给的长毛绒玩具样品，他们正苦于没有技术基础和生产企业，见我撞上门，就把样品交给了我，要求尽快交出样品。接到这个样品，我既高兴又犯愁。我们之前生产的都是钩针玩具，从来没有接触过长毛绒玩具，既不懂生产工艺，也不知道材料组成，还不了解市场形势。我想来想去，想到了上海新康玩具厂的师傅或许能帮我解开这个难题。于是，我马上买好了当天下午6点去上海的火车票，那时火车大多是慢车，用了4个小时才从杭州抵达上海。一出站，我直奔师傅家里，请他无论如何帮我把这个毛绒玩具打一个样，核算好成本。当天夜里我拿着新出的玩具样品，又赶火车在凌晨回到了杭州。第二天早上，将做好的样品和准备好的报价回复给了省公司。但是省公司一直没有给我们回复。后来又经历了几次这样的"石沉大海"。直到半年后，我们才第一次从浙江省轻工艺品进出口公司拿到了订单——白灰相间的树熊玩具4000打（一打12只）。拿到这笔订单，我又担心了，这么大的一单，没有充足的生产材料保障，能不能按时交货？当然，后来我想办法通过上海玩具进出口公司调来了生产原料，安排好生产，顺利完成了订单的生产。

　　同一时期，为了拓展更多的玩具生产业务，我跟着上海工艺品进出口公司的业务员参加了中国出口商品交易会（广交会）。那时候的广交会一年要办春、秋两季，每季要办一个月。参加广交会的人并不多，外国人更少。广交会上，我通过各种办法拿到了一批"背包熊"的订单，虽然是我们没有接触过的生产工艺，也有一定的难度，但这次我有经验了。我专门从江苏扬州工艺品厂请来了两位师傅，吃住在村里，请他们不停地辅导我们的技术工人，提高企业生产工艺水平，最终圆满完成了这批外贸业务生产。

随着国家改革开放的不断深入，我们与浙江省轻工艺品进出口公司、上海工艺品进出口公司和上海玩具进出口公司的业务线先后打开，各种长毛绒玩具的规格品种也越来越多，玩具厂的业务量不断增加。为了保证外贸产品按期交货，我们企业的职工需要连续不停地加班加点，非常辛苦。而我们企业的生产产值，也从我参与玩具厂工作开始的年产值5万多元，提高到40多万、七八十万元，一直到400万元，成为桐庐生产玩具企业的老大。

1986年，桐庐县政府投资2000多万元，准备筹办桐庐棉纺厂。我作为"桐庐办厂能人"之一，被选中参与桐庐棉纺厂的筹建，并特批由农业户口转为城镇户口。上海两家进出口公司与深澳村委非常想挽留我继续搞玩具企业，我也对桐庐工艺玩具厂生产发展放心不下，在村委的坚持下，经县政府同意，我继续兼任了一年的桐庐工艺玩具厂厂长。

当时工艺玩具厂里负责技术的是申屠纪杭，负责生产的是应志源，负责仓库和财务工作的是申屠能熊、申屠丹清、申屠文相等几位老师傅，他们都不年轻了。抱着培养年轻人的想法，我们开始带着周煜军、

深澳玩具加工 （王彤 摄）

申屠永平、应增标熟悉厂里的各项工作，并选出重点培养对象，有针对性地带着他们到浙江省轻工艺品进出口公司、上海工艺品进出口公司联系业务。后来，随着玩具外贸业务单子越来越多，一家企业根本来不及生产，再加上其他的一些原因，深澳玩具企业慢慢地越办越多，这也为后来深澳打造"玩具之乡"打下了坚实基础。

（申屠立峰，江南镇深澳村人，1976年开始参与深澳玩具企业供销业务，1980—1987年任桐庐工艺玩具厂厂长）

# 我在工艺玩具厂当厂长

◎口述：周煜军
整理：张帆景

　　1986年，我由深澳村委安排进入村办桐庐工艺玩具厂。当时桐庐工艺玩具厂厂长申屠立峰，已被县政府选中，去县城参与一家较大棉纺企业的筹建工作。于是，深澳村委就开始物色年轻的企业管理人员。作为培养对象，我有幸被选中了。我那年才23岁，但是初生牛犊不怕虎，我勇敢地接过了这副担子。由于不懂企业的生产管理，也没有接触过市场供销，村委先安排我当车间主任，后来又任命我担任第一副厂长。至于为什么会选中我，后来我才弄清楚：一是看重我父亲曾担任过深澳大公社第一任乡长，认为根正苗红；二来我是窄溪高中的毕业生，当时也算得上有点文化，可以培养。

　　那时企业发展形势相当好，厂里的长毛绒玩具业务量很大，生产非常忙。我刚到厂里，主要的精力是跟着即将离任的老厂长申屠立峰，奔波在上海、杭州两地外贸公司，熟悉关系、建立感情。至今我都记得，申屠厂长一步一步带着我，一点一点教导我。因为玩具厂完全是以销定产的企业，外贸订单决定了企业的生存和发展，所以，必须和外贸公司建立良好的关系。

　　回到厂里，我尽量让自己的嘴巴甜一点。乡镇企业里都是乡里乡亲，很多职工排起来都是我长辈。他们要对我摆老资格，我也不能计较。我放低身段，先从称呼上做起，让老同志感受到被尊重。平时，不懂的地方就多问，不熟悉的方面就多请教，慢慢地取得了老同志的认可和信任。我与其他供销业务人员也保持沟通，尽量搞好关系。经过一段时间的努力，终于将企业的管理工作稳定了下来，完成了一批又一批的外贸订单任务，企业生产形势也蒸蒸日上。

当时，我们生产的长毛绒玩具不仅外销，内销也很火。20世纪80年代后期，青年人结婚，都喜欢在新房里摆上一对毛茸茸的哈巴狗玩具，感觉很时髦。一开始，我们从钩针玩具转型到长毛绒玩具时，有一部分是以木质刨花为填充物的，虽然很环保，但这种填充物最大的缺点是怕挤压，受到外力的挤压后就不容易复原，很容易发生质量事故。不久，我们就将所有的毛绒玩具的填充物由刨花改成了棉花。

在外贸出口形势大好、生产订单多得来不及做的情况下，我们开始

钩针玩具、长毛绒玩具　　（周华新　摄）

大力发展对外加工点。厂里抽调10余名精干的技术工人组成对外协作组，专门服务深澳周边方圆10公里的二三十个长毛绒玩具加工点。协作组的技术人员经常上门到加工点，辅导技术、把控质量、验收产品，圆满地解决了生产困难。当时碰到的难题还有生产技术设备短缺，企业生产加工用的都是家用缝纫机，开料全部是手工裁剪。所以，一接到外贸订单，我们只能白班连着夜班地赶任务。虽然很忙也很累，但当时也不知道哪里来的干劲，我们总能按期完成任务。经过几年的良性发展，我们深澳玩具名气越来越响，在县内外小有名气。

随着外贸生产订单的继续增加，玩具厂原有的厂房也跟不上发展的需要，再加上上海、杭州外贸出口公司的订单增多，以及企业内部的其他因素，深澳的玩具企业慢慢地多了起来。除桐庐工艺玩具厂外，先后又发展了桐庐玩具厂、杭州众乐玩具有限公司、桐庐江南工艺玩具厂、杭州长毛绒玩具厂等。1998年，原深澳镇被桐庐县人民政府命名为"玩具之乡"。

（周煜军，江南镇深澳村人，1986年进入深澳村桐庐工艺玩具厂，1987年任桐庐工艺玩具厂第一副厂长、厂长，1988年被评为"杭州市明星厂长"）

# 30年深耕，是情怀更是责任

◎口述：申屠永平
　整理：张帆景

　　从1988年到桐庐工艺玩具厂担任供销员起，30多年来，我从没离开过玩具行业。从"有米下锅"（生产订单做不完）到"等米下锅"（生产订单越来越少）再到"找米下锅"（生产订单几乎没有），我见证了深澳玩具30年的发展。

　　1988年，桐庐工艺玩具厂面临换将，老厂长申屠立峰要调任了，厂里一批骨干年纪都比较大了。村里要培养年轻人，就招了几个人进厂，我是其中之一，主要从事玩具销售，直接联系浙江省轻工艺品进出口公司。之后两年，我辗转在桐庐工艺玩具厂（新厂区）、桐庐玩具厂（大塘厂区）工作，但一直和省轻工艺品进出口公司保持联系。

　　1990年，省轻工艺品进出口公司为了扩大长毛绒玩具业务，开始向外寻找外贸出口产品生产基地。他们在深澳村征用了40亩土地，每亩3000元，在当时已经是很好的价格了。这个项目落地的过程也是蛮激烈的，当时县属一家企业也想争取这个项目，因为这个项目是比较有前景的。最后，还是县领导拍板，把项目落户在了我们村。1992年，省轻工艺品进出口公司又与香港合众股份有限公司联合投资51万美元，在深澳成立了（中港合资）杭州众乐玩具有限公司，由我担任公司总经理。这个项目1992年12月开工，1994年3月投产，当年生产产值就达到了1000万元。以后每年的生产产值，都保持在1200万元左右。我们公司一直是桐庐乡镇企业队伍中规模比较大、效益比较好的一家中外合资企业。

20世纪90年代中期，省轻工艺品进出口公司开始走下坡路。到2000年，众乐玩具每年的订单金额下降到500万元左右。再叠加招工难，企业碰到了前所未有的困难。我开始考虑企业如何发展，如何拓展业务，如何转型升级。

机会都是给有准备的人。果然，到了2001年，经桐庐玩具厂应增标推荐，由上海公司业务员介绍，我认识了台湾巨航企业有关人士。他们在认真考察了我公司后，对各项条件都比较满意。原来，他们手上有生产宠物玩具的单子找我们。经过几次洽谈，我们终于接下了第一笔生产单子。与

深澳玩具加工 （何小华 摄）

他们合作生产布绒宠物玩具，产品主要销往美国Wal-Mart、Target等大超市。当年宠物玩具的产值就达到了500万元。

就这样，公司迎来了新的发展。2004年，因原杭州众乐玩具有限公司合资期限到期而终止。在原班人马的基础上，我们重新成立了中外合资杭州永乐工艺品有限公司，主营宠物玩具。20多年来，我们生产的宠物玩具，业务量一直不错，2020年年产值2000万元，2021年达3000万元，2022年预计3500万元。

近年来，由于新冠肺炎疫情影响，县内许多外贸企业受到了或大或小的冲击。永乐公司逆势增长，表面上看是因为抓住了东西方民众消费观念的不同。但我始终认为，在玩具行业里，或者在其他行业里，要发展就必须紧跟时代的步伐，必须搭上时代的快车。回顾30多年的经历，我深深体会到：首先，你想做事，最好干自己熟悉的行业。比如我从事的玩具行业，经过30多年的打拼，我已经形成需要的产业链。在产业链上有相对稳定的供应商与生产商，我们之间在资金支付、材料运转上相互有信用，没有三角债，相互之间不存在磨合期。其次，几十年一个行业做下来，多多少少在里面融入了自己的情怀，总觉得自己肩上担有一份社会责任。像我这家公司，年产值3000万元，其中30%用于支付工资，每年就达到了1000万元。不讲有多少成就感，我至少解决了当地一部分人的就业问题。再次，就是不管在创业时，还是在转型时，作为一个企业管理者，更重要的是要善于捕捉商机，这样才能让自己的企业生存下去。所以，我还是很有信心让自己的企业继续办下去的，让自己的身边的村民多上一天班，多发一天工资，这也是非常值得干的事。

（申屠永平，江南镇深澳村人，1988年桐庐工艺玩具厂供销员，1992年任杭州众乐玩具有限公司总经理，现任杭州永乐工艺品有限公司总经理）

深澳箱包

# 青云桥畔"皮塑厂"

◎口述：章新土　应荣源
　整理：周华新


**章新土**：1972年我参加工作，后来在深澳公社担任党委委员（人武部长）、副书记、书记。1976年，我分管水利工作，深澳公社正在建造遮风潭水库。当时每天有150余名民工参与劳动，水库工程建设资金比较紧张，同时还要负担每个民工每天0.2元的生活补贴，一个月就要支付900元，这在20世纪70年代可是一笔不小的开支。我们向县水利局反映过这个问题，他们表示没有办法和渠道来解决，要靠我们深澳公社自力更生。大家一讨论，就想到了办一家社办企业，用来解决遮风潭水库建设中的困难问题。开始大家想办一家耐火材料厂，但因为缺少资金而搁浅。

一次偶然的机会，得知我同村的一位长辈，即将从上海一家皮件厂退休。他叫章隆茂，在原单位是一把技术好手。1979年3月，深澳公社决定，投资2000元创办一家皮塑箱包厂。我和遮风潭水库建设工程指挥部的支部书记申屠传来两个人，专门去上海了解办企业情况并请章隆茂、黄锦仁等来当师傅。我们就坐轮船、汽车，来回出差于深澳和上海之间。为了节省开支，我们在上海出差时，基本住在几角钱一晚的浴室旅馆。来来回回，前后跑了几个月，才完成建厂的准备工作。找好了技术师傅和销售市场，就开始购买设备。为了省钱，我们通过熟人到国营集体企业，花1200元才购置了11台已经淘汰的"44种"电动缝纫机，运回深澳村，又租用了村民的二层民房当厂房。1979年7月15日，新厂开工。深澳公社决定由申屠传来、洪华松、申屠言庭三人组成厂领导班子，这是深澳公社最早的社办"皮件厂"。大家都知道这家厂是为了解决遮风潭水库建设的困难而创办的，所以，又叫"水库皮件厂"，其实它的全称叫"深澳公社皮革塑料厂"。

**应荣源**：1979年我到深澳公社皮革塑料厂（以下简称"皮件厂"）上班。到企业后，才了解到，当时建厂初期的生产技术和销售渠道，全靠曾在上海工作过、刚退休的章（隆茂）师傅撑起来。可以说，没有章师傅，深澳是不会有这么早的社办皮件厂的。

建厂初期的皮件厂并没有建造专门的生产厂房，而是租用了深澳村西南面一户周姓的民房当作厂房使用的。我刚进厂时，就在那里上班，整幢房子是两层楼，楼上、楼下除了办公室和财务室，就是开料车间和缝纫机车间。我进厂开始是做开料工，主要工作就是手工取料，这完全是力气活，用手拿着一把用高碳钢锯条磨制而成的平口刀，或用平直木条当尺子将塑料人造革切成条块，或依照某一硬质绝缘纸样板，将人造革切成面料状。男青年当开料工为主，女青年基本上做电动缝纫工。那时开料工加缝纫工有30名职工。生产的产品主要是装三面拉链的人造革黑色公文包，主要销往上海与杭州百货商场。据相关资料，当年生产公文包21564只，实现90000元产值，创利润20000元，发放工资9000元，为本社皮件业生产发挥了带头引领的作用。

1981年，深澳公社皮革塑料厂从原来的居民楼房中，搬迁到了深澳村东南边紧靠应家溪的深澳公社制帘厂的部分厂房中。新厂房隔一条徐青公路就是深澳有名的"青云桥"，这座桥建于清光绪年间。因此，这厂又被当地老百姓俗称为"桥头皮件厂"。这是一幢二层砖木结构厂房，面积508

平方米，上下两层楼的楼梯建在房屋内，因为是露天的，从而形成了一个类似于明清古建筑中的小天井。男职工背料上楼、女职工领料下楼，全部忙乎在这通道上。

1981年，我开始担任皮件厂开料组组长。1983年，深澳乡成立乡工业公司，老厂长申屠传来被提拔为深澳乡工业公司经理，到深澳乡政府上班去了，我被任命为厂长。当时我才21岁，感到了很大的压力，而我对于什么是企业的生产、经营、管理，也处于一种似懂非懂的状态。开始担任厂长后，我还买了一些介绍步鑫生、鲁冠球如何发展企业、抓经营管理的书籍来学习，并且向厂内的老同志取经。

深澳箱包制品　（周华新　摄）

最让我难忘的人，是章（隆茂）师傅，50多岁的年龄，不高的身材，却有一副硬朗的身板。他在上班的时候，时刻把老花镜挂在胸前，很喜欢从眼镜的上方看人或与人交流。章师傅带着我第一次出门，是出差到杭州。章师傅几乎是手牵着手，把我领到了杭州市皮塑公司当时的顾（娟娟）经理面前，接洽生产"三面拉链公文包"的业务。整整40年后的今天，我重新回忆起来，也好像发生在昨天一样，真让人忘不了。后来章师傅还带我去了上海市百一店对面的上海东海皮革塑料商城等业务单位。在我担任厂长的几年时间里，因为产品销路好，我基本是带头干活、疯狂加班的。最让我值得骄傲的事是，1985年，我们这家"皮件厂"，只有72名职工，但生产各类箱包82792只，创造77万元产值，实现利润90000元，上缴税金77000元。在全县146家缝纫皮革制品企业中名列前茅，获得深澳乡政府的奖励，本人还被共青团桐庐县委评为"年度生产能手"。

1986年，我被乡政府调任另一家皮箱厂担任厂长。原来的企业名称由"深澳公社皮革塑料厂"改称"深澳皮塑制品厂"，并由应珍贞接任厂长职务。其间，因生产业务发展，新厂房易地迁建在同村桥下溪狮子山脚，征地1007平方米，新建2幢厂房。1987年，根据桐庐县委、县政府〔1987〕25号文件，企业因工业总产值与利润同比增长显著，获县级"增值增盈奖"。1990年，厂名改为"桐庐箱包厂"。1991年，应珍贞因工作出色，被选拔进桐庐县公务员队伍。后由邓陆平接任桐庐箱包厂厂长。

2000年，桐庐箱包厂转制为桐庐深达箱包有限公司，法人代表为邓陆平，至今仍在生产中。


〔章新土，1972年参加工作，曾任深澳公社党委委员（人武部长）、副书记、书记。应荣源，1979年进深澳公社皮革塑料厂工作，1983年任厂长。〕

# 从大墙园走向开发区的箱包厂

◎口述：邓德忠
整理：张帆景

  我是1979年进社办企业工作的。当时办社队企业的起因也很简单，我父亲（邓祖友）负责建设的深澳四级电站和大坞桥电站已经基本建设完工，为了安置这些工人和家属，大家想到了办一家社办企业来解决这个问题。当时深澳公社电站副站长郎如贤（严坞村人），有个亲戚在上海手套厂工作，可以联系业务。他向公社领导汇报后，于1979年11月开始创办深澳手套厂。

  最早的厂房是设在深澳村的"大墙园"内（后成为深澳中学校址），当时"大墙园"内还建有深澳公社的农场。我们建厂时的启动资金才800元，还是我父亲向深澳公社被服厂厂长俞铮如借款的。手套厂的开料车间设在农场二楼，开料用的工作台板也是向农场借来的，生产手套的家用缝纫机是从村民家中抬来的。

  总之，是借用了农场场地和设施，也借用了职工的缝纫机，可以说当时的手套厂是借出来的。经过努力，手套厂接上了生产单子，还从上海请来了一名师傅，指导我们技术，业务是生产尼龙纺手套，也叫"鸭掌手套"，是只分出一个大拇指、不分四指的那一种。公社电站站长仍是我父亲担任。手套厂作为电站下属企业，厂长由郎如贤担任，有12名职工。

1980年7月，我们搬迁到环溪村边的感应庵边的新厂址，也就是原来作为深澳公社电站建设指挥部的未完工程空置房，重新做了建设，改成了厂房。1980年创产值8.42万元。

1981年12月，深澳公社与凤鸣公社分设，属凤鸣公社籍的职工回自己公社办了一家箱包厂。原来深澳公社的童鞋厂也并入我们的厂，厂名改为"深澳人造革制品厂"，我父亲接任了厂长。企业生产设备也改成了电动缝纫机，生产产品为杭州一家建筑公司用的劳保手套，也有少量皮革制品。主要的业务靠曾在环溪村下乡的知识青年苏明坚（音）销售，他是手套厂的供销员。一直到1984年，供销员苏明坚因故离开。我们是一家以销定产的企业，所以，供销员的离厂，让我们面临前所未有的挑战。我记得当时有一些女职工都流下了眼泪，认为我们的企业肯定要完蛋了，没有工资了，大家都要回家种田了。

1984年春，厂长把我从设计打样、机修工的岗位上，调整为外出当供

深澳人造革制品厂旧址　　（周华新　摄）

销员。从此，我也从厂区内走上了市场营销的道路。那一年，我21岁。

第一次出差是到杭州，一个乡下的农村娃，如同刘姥姥进大观园，杭州话基本听不懂，与人交流困难。坐公交车经常坐反方向，浪费时间又消耗精力，不仅闹了不少笑话，还吃了不少苦。

我跑的是杭州利民制药厂，厂址在杭州市刀茅巷，我们瞄准的产品叫"药品包装盒"，单价是1.3元。药厂产品销售归供销科管，科长姓李，采购包装的是供应科负责，科长姓方。在很长时间里，他们不搭理我这个乡下人，我天天递烟倒茶，也没有接上关系。而我们的企业基本上处于半停产状态。

也许是天无绝人之路。后来，利民制药厂的供应科新来了一位名叫邬龙祥的办事操作员，40多岁的年龄，白皙的皮肤，戴一副眼镜，给人非常斯文的感觉。我与他，幸运地对上了眼缘。后来经接触，我们成了好朋友。经过一段时间的磨合后，我不但接上业务，而且将这一产品做了3年。那时候，我们也靠深澳一位退休回家的王师傅，为我们企业设计了新型的圆腰型药盒样品，非常漂亮，单只产品累计生产量达千万只。

1985年，我接任了厂长，周永杰、申屠红珠任副厂长。1987年，厂名改为"桐庐第一皮革塑料厂"，有职工202人，年产值达到156.94万元，利税28.80万元。在1990年底，我机缘巧合又碰到了邬龙祥，他帮我介绍认识了杭州的张阿姨，她有出口美国的外贸单子。于是我们就开始生产外贸的箱包产品。

到1993年，因业务量增加，除了在深澳的桐庐第一皮革塑料厂外，我又向三合镇大丰村租借了大礼堂边约2000平方米的空置厂房，成立了桐庐精工箱包厂，由邓洪平任厂长。两家企业合计年产值将近3000万元。

我们1995年5月向大丰村征用土地13亩新建厂房，1996年初竣工投入使用，两家厂从此合并。1997年，年产值达到3000万元，利税220万元。2006年4月我们向城南街道征用青山工业功能区土地30亩，再新建厂房18000平方米，生产线从6条增加至18条，年产值达到5500余万元，厂名改为"杭州浩隆箱包有限公司"。

随着经济发展、劳动成本不断提高，低技术且劳动密集型的箱包行业生产经营效益每况愈下。2012年，我逐步转行进入医疗器械行业。到2015年箱包厂的生产经营的相关事宜彻底收尾，并正式停止，但箱包事业已经成为我抹不去的心路痕迹。

（邓德忠，1979年进社办企业工作，1985年任深澳人革制品厂、桐庐第一皮革塑料厂厂长，2007年任杭州浩隆箱包有限公司总经理）

# 诚信为本做箱包

◎口述：周永烈
整理：丁　宁

我是在16岁（1984年）那年，进入深澳乡人革制品厂上班的，开始是做杂工的，后来当了供销员。

1991年，我从乡办企业回到环溪村村办的深澳环溪皮件厂工作。环溪皮件厂当时只有10多台"44种"缝纫机，厂房是一幢三层民房，全厂包括管理人员总共有20来名职工，每年的产值在三五十万元。村委也看中我懂得对外供销产品业务，就在第二年，我承包了皮件厂。我以自己较熟悉的长处，努力地展开了对外的供销业务。当时环溪皮件厂主要是为别人加工内销皮革塑料包袋。我记得其中生产的有一款产品叫"大岛茂包"，是曾在国内走红的日本电视剧连续剧《血疑》中，演员大岛茂所用公文包的类同款手拎公文包。我承包企业后，新增的产品主要是一款较大的包袋，因为袋子的底部装有滑轮，我们也称为"轮袋包"。这款包袋在装物品多的时候，可以放长袋子，而且下面还装有轮子，使用时方便又省力，在社会上的销售量每年都在增加。

1993年，我联系上了浙江省工艺品进出口公司的箱包业务员、在与业务员的多次接触中，我的性格给对方留下较好的印象，后来我们就成为好朋友。企业的生产业务就逐年增加，年产值突破千万元。

1994年，为了适应不断增加的业务量，更为了加快企业的发展，我提出建新厂房。环溪村委也非常支持，在我们村古银杏树群落边的位置向国家申请了2亩工业用地。用了不到一年的时间，就建成了1000平方米的新厂房，职工也增加到了100人，并从原来老房子里迁了出来。而且，我还幸运地接到了一个大订单：1996年第二十六届亚特兰大奥运动会的赞助商所需要的运动包与旅行箱。企业的生产形势也越来越好。

当年，国家正推行乡镇企业改制，1995年我将已经改制的企业名称由"桐庐深澳环溪皮件厂"改为"杭州桐庐伟利箱包有限公司"。同时，我不断地开拓新的箱包产品系列，从包袋发展到了拉杆旅行箱。1997年，桐庐伟利箱包有限公司的年产值达到2291万元，上缴国家税收83.5万元，职工从业人员281人。1998年，为了扩大生产规模，我又将公司厂房新增到2800平方米。1999年，企

深澳环溪皮件厂旧址　　（周华新　摄）

业产值达到3080万元，公司从业人员545人。当时，面对企业的大量生产订单，我还发展了外地加工生产点，积极带动其他箱包加工企业的生产业务。加工企业数量最多时达到了四五十家，不仅辐射到本县以及富阳，远的还发展到了金华等地加工点，企业的生产形势红红火火。

当年，上级领导也很重视企业的发展情况，桐庐县委、县政府的主要领导与分管领导经常到我们公司指导工作，帮公司解决困难，不断鼓励我们做大做强。我们公司曾获得1999年度的"全县十佳企业"称号，本人还被县政府奖励了一块金牌。2003年，我还非常荣幸地被选为县人大常委会委员，代表人民庄严地行使着神圣的权力。

一个时代有一个时代的产业，箱包企业作为劳动密集型的生产加工型企业，面临的问题和困难也在慢慢地积累。随着职工难招、产品利润减少、箱包替代品增加、利润空间大大缩减等各种因素的出现，2013年我开始思考企业转型，慢慢地离开了从事30余年的箱包行业，转行从事其他经营业务。

回顾自己几十年来办企业的历程，虽然经历了许多的困难和苦处，但对我来讲，都已经是过去的事。而我人生中大的收获或者体会也不少，虽然我文化程度不高，但我始终认为只要以诚待人，总能收获良好的结果；只要以信用对人对事，迟早都会有满意的回报。以前我这样做人做事，今后我仍然是这样做事和生活。

（周永烈，1984年进入深澳乡人革制品厂工作，1992年任环溪皮件厂厂长，1995年任杭州桐庐伟利箱包有限公司总经理）

钟山石材

# 东风第一枝

◎口述：陈炳良
　整理：缪建民

从1983年到1993年，我在桐庐第二茶厂当了10年厂长。当时茶厂的形势还是不错的，所以，到了1993年3月我主动辞去厂长职务，很多人都不理解。其实我是经过长时间慎重考虑的。

那时很年轻，又是县人大代表，我很想干一番事业。长期以来我养成了一个习惯，喜欢每天听广播，看报纸，看中央新闻。1992年，邓小平南方谈话像一股浩荡的东风吹拂着全国各地，许多地方都渐渐开始活跃起来了，改革开放的步子渐渐大起来了。我反复多次看了邓小平的讲话，其中有几段尤其深刻：

"深圳的主要经验是敢闯，没有一点闯的精神，没有一点'冒'的精神，没有一股气呀，劲呀，就走不出一条好路，走不出一条新路，就走不出新的事业。"

"特区姓'社'不姓'资'。"

"看准了的，就大胆地试，关键是发展经济。"

邓小平南方谈话真是说到我的心坎里去了，我这个在乡镇企业当了10年厂长的人再也坐不住了，很想像广州、深圳那里的个私企业主一样，自己办个厂。我把这个想法和当时在桐庐第二茶厂当书记的林金余商量，他也表示赞同，便计划两人合伙办个石材厂，并决定起步的一切筹备工作主要由我负责去跑。

1993年3月28日，这是一个值得我铭记的日子，我们俩申请办厂的执照批下来了，厂名定为：钟山联合花岗石厂。

接下来是筹集资金，每人出1.5万元，合计3万元，又向别人借了6万元，总共加起来也只有9万元。当时办个厂，经匡算，最少也要20多万元，后来只好又去贷款15万元。

资金问题解决了，我们的信心一下子就足了起来。接着是建厂房，建厂房是个大事情，来不得半点马虎。当时由于资金短缺，便什么活都自己来干，能省的尽量省。厂址定下来后，平整土地自己来，为了抢时间，白天没干完，晚上接着干。地基的石头自己挑，挑不动的两人抬。厂房的木头也是自己砍自己扛。挑石头、扛木头都是重体力活，而且还是危险活，这里擦破一块皮，那里撞得红肿，身上青一块紫一块是常有的事。这些都不算什么，让我难以启齿又难以忍受的是，由于连续挑、抬过重的石头木头，连肛门也下垂了，又没及时治疗，至今仍留有后遗症。

钟山乡的小石材厂

当时一心想的是早点把厂房建起来，早点投产，所以每天都是晚上九十点钟才回家。这样日夜苦干了整整3个月，占地4.8亩的钟山联合花岗石厂终于在我们手里建起来了。

1993年6月28日，钟山联合花岗石厂正式开始投产。这是我今生第一次自己办的厂，是我们钟山乡的第一家个体私营石材企业，也是整个桐庐县的第一家个体石材企业。

我们厂是在邓小平南方谈话的浩荡东风劲吹下建起来的，是当时全县第一枝迎春绽放的石材之花。

说起来也是运气，我们厂一建起来就遇上了大好机遇。1994年、1995年，刚好遇上省里大力推进农村殡改，而且公路沿线视线所及、范围以内的坟墓，全部都要迁到公墓。这样一来，公墓碑石的需求量一下子猛增，我们这个初建的石材厂常常日夜加班，产品还供不应求。

自1993年我们建起第一家石材厂后，乡里石材厂迅速增加，到1995年就猛增到二三十家。后来乡里又鼓励村民以石致富，最多时全乡发展到100多家，真是"一花开后百花开，万紫千红满园春"。让人高兴的是，村民依靠石头日益富起来了，整个钟山乡的面貌也彻底改变了。

"科学技术是第一生产力。"对我们石材厂来说，先进的机器设备就是先进的生产力。就拿我们厂来说，初办厂时买的第一台机器花了3万多元，第二年销售形势看好，又买了一台自动化机器，7万多元。1995年，我们又买了2台10多万元一台的新机器，真是一分钱一分货，保守一点说，新的一台机器可以抵原来的三台。这样一来，大大节省时间和人力，大大提高了效益。

1995年，大家推选我为桐庐县石材协会会长。我感到肩上的担子一下子重了起来，不仅要搞好自己的企业，还要带动全县石材行业的健康发展。到2000年，钟山乡石材企业已发展到60多家，竞争也开始激烈起来，我们在企业之间开展公平有序的竞争，开展"重合同、守信用"评比活动。我作为会长，理应走在前面，我们厂连续多年被县里评为"重合同、守信用"单位。

1996年，我和林金余分开办厂，我成立了桐庐方园石材工程有限公司。随着企业的发展，我渐渐从原先以做公墓石碑为主，逐步开始接其他工程单子。

1998年，桐庐县政府南迁。政府大院对面的中心广场是县城最热闹的地方之一。我每次到县城，走在中心广场，总有一种特别的亲切感，有一种十分自豪的快乐感。为什么？因为桐庐的中心广场是用花岗石铺成的，那些花岗石都来自我们钟山，那里有我们公司以及多家钟山石材厂辛勤付出的汗水。

此外，还有杭州西湖人行道大改造，凤起路、之浦路的建设，这些工程都用了大量的花岗石。我可以自豪地告诉你，这些花岗石大多是从我们钟山运去的，那里有我们员工留下的脚印，那里有我们公司的青春风采。

事情都是一分为二的，钟山石材给村民带来了财富，但多年的过度开采也造成了一些不良后果。许多山体遭破坏，很多溪流受了污染，全乡的生态环境深受影响。经过很长一段时间的痛苦思考，我决定把公司彻底关掉，便于2010年关门转让了。我多年用心血打造的桐庐方园石材有限公司从此退出了历史舞台。

（陈炳良，1993年钟山首家个体私营石材企业创办人之一，1996年创办桐庐方园石材工程有限公司；1995年任桐庐县石材协会会长）

# 那片拆出来的"美丽风景"

◎口述：胡方华
　　整理：缪建民

　　我叫胡方华，是土生土长的钟山本地人，1966年出生在中一村。家里兄弟姐妹7人，我排行老六。由于家里穷，我初中毕业就辍学了，父母让我去学开车，以图将来凭自己的技术有口饭吃。学会开车后，到钟山乡中学校办厂上班，工作就是开车跑长途，主要跑深圳，一跑就跑了10年。这10年，我学到了许多书本上没有的东西，我常常在心里为自己加油，今后一定要努力干出人样来。

　　转眼到了1998年，一个机会向我悄悄走来，钟山乡里唱起了以石头致富之歌，鼓励村民办厂兴业。我便与家兄老五胡关洪商量，与其为人打工，不如自己办厂。

　　办厂，说起来容易做起来难。办厂的第一个大难题是资金问题。当时办厂要二三十万元，而我们兄弟俩倾其所有也只能拿出6万元。怎么办？借！这是一个没有办法的办法，最后我们俩咬咬牙，以高息向别人借了15万元。当时胆子还真有点大的，那利息，算算要还的数字是有点吓人的。但多年跑深圳长途的我，心想一定要抓住机遇，迎难而上。就这样，我们兄弟俩今生第一次办起了自己的石材厂，取名为宏华花岗石厂，买来两台

中一村生态环境整治前村貌

机器就匆匆上马了。

辛辛苦苦干了一年，结果怎么样？结果还不错。第一年下来，我们首先还清了借款，每人还分得了3万元。这结果让我们兄弟俩信心大增，决心来年大干一场。

兄弟俩合作了两年，效益还不错，转眼到了2001年，我们准备分开办厂。这样，我的华东石材厂就应运而生了。为了办这个厂，我以3分的利息向别人借了40万元，总投资70余万元，买来了两台新机器就立马开工了。记得当年乡里为了鼓励我，还给了我两个奖：企业规模奖和企业投入奖。

企业的活力在于销售，而销售对于我这个常年跑在外面的人来说，恰好是我的长处。那时又正好赶上了农村殡改，许多农村都需要大量的公墓碑石。当时我们钟山乡也如雨后春笋般一下子增加了许多大大小小的石材厂，大家都争着做公墓碑石，竞争也越来越激烈。与别的企业主相比，我认为我有两大优势，一是我会开车，当时厂里有一大一小两辆车；二是我有走南闯北的经验。就说销售吧，我一改等客人上门求货的老办法，采用主动出击，自己驾车跑业务。江苏、安徽等附近几个省，周边每个县市我都去过。我跑到嵊州的崇仁镇，当时该镇有52个村。我一个村一个村地跑，52个村的公墓用石全部被我包了下来。后来又到该市的仙岩镇，该镇33个村的公墓用石也全部被我包了下来。

办厂一路风风雨雨走来，我觉得一个人创业最重要的是要有信心，要有动力。有了信心和动力，再苦再累也就不会觉得苦和累。

都说我办厂一路走来都比较顺，但"顺"中也有意想不到的事情。2020年，钟山乡里开展生态环境大整治，根据上面的要求，全乡所有影响生态环境的石材厂都要关闭拆掉，恢复成粮田。听到这个消息，我彻夜难眠，难道我多年辛辛苦苦建起来的石材厂，就要被拆掉了吗？我久久地站在厂门口，心里越想越难过。

经过多少个不眠之夜的思考，后来我终于想通了。我们钟山乡原先是有

中一村生态环境整治后村貌

名的绿水青山之地，由于多年采挖花岗石，现在许多山体破败不堪，"衣"不遮体，水土流失比较严重。许多小河小溪也变得浑浊不清，连鱼虾也不能生存了。再不整治，后果堪忧啊！我作为一名共产党员，理应在关键时候带个好头。

2020年5月8日，我一大早便打电话给乡领导，同意拆除我的华东石材厂。我一带头，此后又有40多家石材厂的老板同意拆除，这一拆，共拆出了115亩土地。后来全部改成水田，许多田都种上了油菜，原先的石头风景转眼变成了田园风光，变成一道靓丽的风景线。

（胡方华，先后创办过宏华花岗石厂、华东石材厂，现任钟山乡中一村党支部书记）

# 与石结缘三十载

◎口述：周慧洪
整理：缪建民

我与石头结缘，是从17岁那年开始的。那年是1993年，我初中毕业，恰逢上海的一个大单位需要大量的石狮子、碑石，来找我们村做。因为我们钟山乡是远近闻名的"石材之乡"，打制的石狮子、碑石响誉全国各地。我们村承揽下来后，要按期交货，当时村里的石匠师傅一时忙不过来，就招收了一批年轻的学徒，前前后后招收的学徒有二三十人。我有幸在这批学徒之中。父母让我拜陆忠平为师。

记得第一次去见师父，师父见我人矮个子小，身材又单薄，不是很愿意收我做徒弟。谁都知道，石匠是个体力活，无论抡锤还是搬石头，都是需要体力的，石匠师傅都喜欢带身强力壮的年轻人当徒弟。这时父亲帮我说了一大堆好话，说我从小动手能力比较强，小时的玩具弹弓、陀螺、铁环、木头手枪等都是自己做的。陆师傅听了父亲的话后有点勉强地收下了我这个徒弟。

俗话说，师父领进门，修行靠个人。就这样，我的学徒生涯开始了。说实话，学做石匠，我还真是先天不足，个子瘦小，又是个左撇子。一手拿铁锤，一手拿钢錾，讲究的是左右手的协调配合。起初我这个左撇子总是配合不好，一不小心，铁锤就会砸到拿钢錾的右手，青一块紫一块是常有的事。常常是旧伤还没好又添了新伤，有时右手肿得像个馒头，但我总是咬咬牙，带伤坚持干活。

石匠活不仅是个体力活，还是个苦力活，做学徒更是苦上加苦。有的学徒工，由于吃不了苦，半途就不学了，但我没有丝毫退缩。我每天都在露天场地干活，夏天天热，我戴个草帽在烈日炎炎下汗流浃背地日复一日地挥着铁锤；冬天天冷，我又常常冒着雨雪，在寒风中坚持苦干。师父见我肯吃苦，就改变了对我的看法，耐心细致地、手把手地教我。我很自信，相信自己一定能学成出师。

功夫不负有心人，一年之后我出师了，我用行动证明了自己：一个人的先天条件不是决定因素，只要肯吃苦，只要有毅力，同样可以出师，同样可以吃石匠饭。我用了一年的时间，学会了别人三年才能学会的石匠手艺。

我心里当然明白，学徒出师，只是表明自己从此以后可以独立从事石匠的工作了，自己离真正的"师"，还差得远呢！来日方长，我必须更加发奋努力。当时家里父母也很支持我，支持我走南闯北去见见世面。听到哪里的古建筑有名，我就奔向哪里；哪里的石雕有特色，就"钻"在哪里。我南下广东，北上哈尔滨，足迹遍及大半个中国。半年下来，广泛了解各地的石雕、木雕艺术，比较全面地掌握了雕塑、绘画、牌坊的风格，领悟着这些不同艺术之间的关系。回来之后，我创作了大大小小的许多石雕作品，突破了本地石匠只会做石狮、牌坊、墓碑的传统，制作了一批独具风格的花盘、笔洗、茶盘等作品。

有人认为，衡量一个人事业是否成功，主要看他的财富有多少，而我不这样认为。当年与我一起学做石匠的一批年轻人，后来许多人都去做了快递，这些人后来大多都致富了，但我一点也不羡慕他们，我有我自己的人生观、价值观。我把一块块普通的石头制作成一件件艺术品，这个过程对我来说是一种享受，是一种幸福。我喜欢石雕，愿与石头一辈子结缘。

　　石雕的创作是一门在"静"中"悟"的技术活，尤其是在创作设计阶段。在打制过程中，又讲究"慢"而"精"，需要慢慢地凿，慢慢地磨。如石狮子口中的那个圆石球，打制过程就很考验一个石匠的耐心，看似简单的一个石球，需要两天的时间才能完成。我很注重细节，无论打造大件雕塑品，还是制作小件摆饰品，细节是关键，成功与否，常常取决于这些细节。追求完美，就是追求细节方面的完美。

　　雕刻分圆雕、浮雕和线雕，不管什么雕，仿制别人的都比较容易，比较难的是自己创作。要创作出别人没有做过的东西就比较难，这体现一个石雕师的真实水平。2007年，有位台湾客户要做一件"抽象牛"的石雕。许多石雕师纷纷参与竞标，都想拿下这个订单，没想到设计出来的样品，台湾客户都不满意。后来他看了我设计的样品，十分满意，立马与我签了

钟山石雕艺术馆一角

合同。

接手后，我反复思考，大脑中始终有一个似牛非牛的东西在盘旋。我按设计方案漫山遍野地去山上找石料，后来找到一块石料，我左看右看，上看下看，看久了，这块石头仿佛就像一头牛一样站在我面前。我用这块石头制作成毛坯，完工后，我有意省去了打磨这道工序，让这头牛既古朴又抽象。台湾客户看了我发去的照片后，说这正是他想要的"牛"。

近年来，最让我满意的是，我拿下了总部设在上海旺旺集团的一个订单。该集团要建一个旺仔公园，公园内要塑一组我国56个民族大团结的石雕群像。该集团向全社会发出了征集广告，参与竞标的有很多单位，其中不乏名家大单位。我一个乡里的工匠怎样才能胜出？我花了大量的时间思考，心想从选材到雕刻，都要有自己独特的思路和风格。我跑到淳安，找来了茶园青石料，样品做好后，先拿给自己的妻子看，让她以一个观众、一个客户的身份给作品提意见。妻子是我的作品的第一个品鉴师。一件好作品要自己满意，更重要的是客户满意。如果我的作品连妻子这一关都不能过，那就说明还不行，还需要反复修改。世界上的许多好作品都是修改出来的。

旺旺集团征集的作品要求很高，就说这次的"56个民族石雕群像"吧，该集团让所有的员工都来参加投票，让员工在众多竞标样品中选出一个自己最喜欢的作品。就是在这样激烈的竞争中，在如此严苛的条件下，我设计的作品出人意料地胜出了，真让我喜出望外。胜出的喜讯传来，我又特意去了一趟上海旺旺集团总部，深入了解该公司的企业文化，全面了解旺旺公司的设计理念。回来后日夜赶制雕塑作品，做好后立马拍照发给旺旺总部。对方看了后十分满意，我也感到十分开心。对于我来说，世界上还有什么比让客户满意更令我开心呢？

一分汗水一分收获，经过30年的不懈努力，我收获了许多荣誉，我的石雕作品《龙笔洗》《小沙弥》分别获得2017—2018中国（浙江）工艺美术作品博览会银奖和金奖，我的"钟山石雕功夫茶具"被评为首届浙江省优秀旅游产品。2021年，我又被评为"杭州市工匠和杭州市劳模"，成为省级非遗项目钟山石雕非遗代表性传承人。

（周慧洪，钟山石雕艺术馆馆长）

# 后记

适值"八八战略"实施20周年，也适逢习近平总书记对桐庐做出"十六字"重要指示20周年之际，《富民之光——桐庐块状经济发展口述史》终于完稿了。

我们从2022年起谋划编纂出版此书，意图通过亲历、亲见、亲闻者的个人口述，记录和传承桐庐块状经济40余年发展、调整和提升中的个人经历和集体记忆。我们尽可能地选择一些有代表性的块状经济和其中有代表性的人物。然而，在漫漫的时间流逝中，有的行业持续发展，有的逐渐消亡；有的亲历者已离世，有的受访者则拒绝回忆。同时，因记忆的强烈主观性，部分受访者的叙述带有"过滤性"。我们认真查证相关历史资料，同时也邀请受访者在成稿后直接参与审核。但因编者水平有限，本书中不可避免地存在一些谬误，敬请读者批评指正。另需说明的是，本着尊重受访者观点和原意表达的原则，对某些事件的评价，我们未做删改。

最后，衷心感谢分水、横村、富春江、百江、旧县、江南、钟山、城南等乡镇（街道）和医疗器械行业协会给予本书的大力支持。本书照片除署名外，均由相关乡镇（街道）、行业协会提供。感谢洪芳良利用业余时间为本书进行勘校。

编　者

2023年4月

图书在版编目（ＣＩＰ）数据

富民之光 ： 桐庐块状经济发展口述史 / 郑萍萍主编
. — 杭州 ： 浙江工商大学出版社，2023.12
ISBN 978-7-5178-5831-7

Ⅰ．①富… Ⅱ．①郑… Ⅲ．①区域经济－经济史－研
究－桐庐县－现代 Ⅳ．①F129.7

中国国家版本馆CIP数据核字(2023)第234315号

富民之光——桐庐块状经济发展口述史
FUMIN ZHI GUANG——TONGLU KUAIZHUANG JINGJI FAZHAN KOUSHU SHI
郑萍萍　主编

| | |
|---|---|
| 责任编辑 | 唐　红 |
| 责任校对 | 李远东 |
| 封面设计 | 袁东明 |
| 责任印制 | 包建辉 |
| 出版发行 | 浙江工商大学出版社 |
| | （杭州市教工路198号　邮政编码310012） |
| | （E-mail: zjgsupress@163.com） |
| | （网址: http://www.zjgsupress.com） |
| | 电话: 0571-88904980，88831806(传真) |
| 制　版 | 桐庐富春广告有限公司 |
| 印　刷 | 杭州高腾印务有限公司 |
| 开　本 | 710mm × 1000mm　1/16 |
| 印　张 | 15 |
| 字　数 | 198千 |
| 版 印 次 | 2023年12月第1版　2023年12月第1次印刷 |
| 书　号 | ISBN 978-7-5178-5831-7 |
| 书　价 | 68.00元 |